Wörterbücher für die Grundschule

Ein großer Wortschatz für kleine Wortsucher!

Mit diesen Wörterbüchern lernen schon die Kleinen von Anfang an den richtigen Umgang mit Nachschlagewerken.

Der Kinderduden

Das Sachwörterbuch für die Grundschule

Ab 2. Klasse

Über 3 500 nach Themen zusammengestellte Wörter, informative Sachgeschichten und witzige Zeichnungen erklären Zusammenhänge und wecken die Lust am Lesen.

ISBN 3-411-04495-0

Das Grundschulwörterbuch

Das Nachschlagewerk von A bis Z

Ab 2. Klasse

Diese erste alphabetisch sortierte Rechtschreibhilfe bietet mit 11 500 Begriffen alle Wörter, die Grundschulkinder brauchen. Im zweiten Teil sind noch einmal die Wörter zusammengefasst, die besonders häufig falsch geschrieben werden.

ISBN 3-411-06063-8

Das Grundschulwörterbuch Englisch

Das zweisprachige Nachschlagewerk von A bis Z

Ab 3. Klasse

Zwei alphabetisch geordnete Wörterlisten (Englisch-Deutsch und Deutsch-Englisch) mit den jeweils 2 000 wichtigsten Wörtern und Wendungen der jeweiligen Ausgangssprache ermöglichen kleinen Englischeinsteigern das schnelle und gezielte Nachschlagen.

ISBN 3-411-71941-9

DUDEN
Schülerhilfen

Rechenspiele

Zum spielerischen Knobeln und Grübeln

von Klaus Volkert
Gestaltung und Illustrationen
von Doris Rübel

DUDENVERLAG
Mannheim · Leipzig · Wien · Zürich

Die Deutsche Bibliothek – CIP-Einheitsaufnahme
Duden-Schülerhilfen
Mannheim; Leipzig; Wien; Zürich: Dudenverl.
Früher im Verl. Bibliograph. Inst., Mannheim, Wien, Zürich
Rechnen. Rechenspiele
Zum spielerischen Knobeln und Grübeln/
von Klaus Volkert. - 1988
ISBN 3-411-02611-1

Das Werk wurde in neuer Rechtschreibung verfasst.

Druck und Bindung: Appl, Wemding
Gedruckt auf Eural Super Recyclingpapier matt gestrichen
Printed in Germany
ISBN 3-411-02611-1

Inhaltsverzeichnis

Inhaltsverzeichnis

Simon und die Rechenspiele

Simon kommt bald in die sechste Klasse. Er hat ein bisschen Bammel vor Mathe. Die Aufgaben in den Büchern findet er oft so langweilig, dass er sich gar nicht recht damit beschäftigen mag. Dabei ist Simon eigentlich ein pfiffiger Junge. Nicht umsonst nennen ihn seine Klassenkameraden Simon Schlaumeier, obwohl er richtig Simon Niemeier heißt.
Erst heute Morgen wieder hat Simon eine „Vier“ in der Mathearbeit zurückgekriegt. Seine Mutter war ziemlich besorgt, und Simon hat sich schneller als sonst zu seinem Opa aus dem Staub gemacht. Den besucht er nämlich jeden Dienstag. Dort trifft er meistens auch seine Cousine Anja.
Der Großvater, der gerne Denksportaufgaben und andere Rätsel löst und ein leidenschaftlicher Schachspieler ist, hat schon seit einiger Zeit bemerkt, dass Simon und Anja zum Rechnen keine große Lust verspüren. Deshalb hat er sich etwas Besonderes für seine Enkel ausgedacht. In den letzten Wochen hat er für Anja und Simon knifflige Fragen und Aufgaben, an denen man so richtig knobeln kann, in einem Heft gesammelt. Schon auf dem Umschlag des Hefts, das er den beiden heute gibt, fängt das Rätselraten an. Dort finden die Kinder ein Silbenrätsel:

Die Rätsel und Spiele, die Opa Niemeier für Anja und Simon zusammengestellt hat, findest du in diesem Buch. Sie haben alle mit Rechnen und scharfem Nachdenken zu tun. Manche sind leichter, einige

Simon und die Rechenspiele

aber auch ganz schön schwierig. Diese erkennst du an einem Sternchen (*) am linken Rand. So kannst du sie leicht überspringen, bis du glaubst, sie lösen zu können. Lass dich nicht entmutigen, wenn du mal eine Aufgabe nicht herausbekommst. Das geht Simon und Anja genauso. Sie schauen dann, aber auch, wenn sie eine Lösung selbst gefunden haben, im Lösungsteil nach, den Opa Niemeier jedem Abschnitt angefügt hat. Er hat auch kleine Geschichten zu den Lösungen geschrieben, in denen du noch zusätzlich manches Wissenswerte erfahren kannst. Schau also immer in die Lösungen!
An manchen Stellen findest du folgendes Erinnerungsschild:

Was darin steht, solltest du aus der Schule wissen. Wenn du es vergessen hast, dann merke es dir jetzt.

Du kannst dir die Aufgaben beliebig aussuchen. Anja und Simon machen daraus manchmal ein Spiel: Anja sucht ein Rätsel für Simon. Wenn er es herausfindet, darf er die nächste Aufgabe bestimmen, wenn nicht, ist Anja noch einmal an der Reihe. Sie muss bei ihrer Auswahl aber aufpassen. Sie geht nämlich bereits in die sechste Klasse und weiß deshalb auch schon, was Wahrscheinlichkeiten sind. Doch davon hat Simon noch nichts gehört. „Das macht nichts", sagt der Großvater, „ihr müsst die ‚Rechenspiele' ja nicht von vorn bis hinten durchgehen."
Simon und Anja macht das Rechnen inzwischen so viel Spaß, dass sie sich jetzt zweimal in der Woche bei Opa Niemeier treffen. Nach einer halben Stunde aber unterbricht der Großvater meist ihr eifriges Knobeln: „Das reicht, eure Köpfe rauchen ja schon! Zur Abkühlung gehen wir ein Eis essen." Bald merken Anja und Simon, dass es auch im Mathematikunterricht besser geht. Als sie das dem Großvater erzählen, lächelt er nur und meint: „Mit ‚Rechenspielen' lernt man eben spielend rechnen."

RECHEN-
SPIELE
9
3 5 7
6

Rätselhaftes um Zahlen

Zauberquadrate

Seit langer Zeit sind Zauberquadrate schon bekannt (sie heißen auch „römische Quadrate“, was auf ihr ehrwürdiges Alter hinweist). Die Regeln sind:

1. Es dürfen nur unmittelbar aufeinander folgende Zahlen genommen werden (meist fängt man mit 1 an, aber das muss nicht sein);
2. Die Summe der Zahlen entlang der Zeilen, der Spalten und der Diagonalen des Quadrats muss stets dieselbe sein.

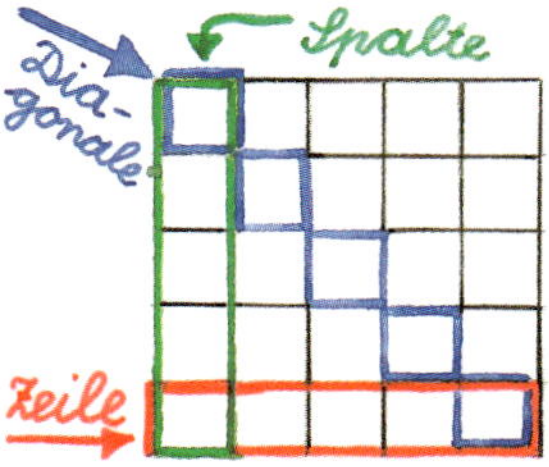

Das berühmteste „magische Quadrat“ findest du in einem Kupferstich („Melencolia 1“) von Albrecht Dürer.

Rätselhaftes um Zahlen

8		
3		
4		2

	9	
3		
		6

Dies ist das bekannte Saturnsiegel.

Seine Summe ist immer 15!

Versuche einmal, selbst solche Zauberquadrate zu erfinden (mit 9 Kästchen ist es am einfachsten).
Als Nächstes ein besonders großes Zauberquadrat (die Summe beträgt 65).

7	18		15	
14	25	6		
	2	13	24	
23	9			
5		22		19

3		1
	0	
		-3

Rätselhaftes um Zahlen

Der Weise und der König

Vom Erfinder des Schachspiels wird folgende Geschichte erzählt: Dieser kluge Mann habe, als der König ihm einen freien Wunsch zur Belohnung für seine wundervolle Erfindung gewährte, Folgendes erbeten: Auf das erste Feld des Schachbretts solle ihm ein Weizenkorn gelegt werden, auf das zweite zwei, auf das dritte vier, auf das vierte acht usw. Die Zahl der Körner wird also von Feld zu Feld verdoppelt. Der König, hocherfreut über den bescheidenen Gelehrten, befahl, den Wunsch sofort zu erfüllen. Vermutlich hat er nicht schlecht gestaunt, als er feststellen musste, dass weder er noch alle seine Königskollegen zusammen den Weisen auszahlen konnten.

Hier findest du ein etwas einfacheres Problem:
Holger hat ein Minischachbrett als Holzeinlegearbeit gefertigt. Es sieht so aus:

Als der Junge das Brett seinem Vater zeigt, ist dieser begeistert. Holger darf sich etwas wünschen. Er sagt: „Leg mir auf das erste Feld einen Cent, auf das zweite zwei Cents, auf das dritte vier und immer so weiter.“ Der Vater verspricht dies nichts ahnend. Kann er bezahlen?

Rätselhaftes um Zahlen

Zahlenrätsel

Unter den natürlichen Zahlen versteht man die Zahlen 1, 2, 3, 4, ... Für alle natürlichen Zahlen zusammen steht das Symbol ℕ.

Mithilfe der Grundrechenarten und der natürlichen Zahlen lassen sich viele Rätsel stellen. Hier findest du eine kleine Auswahl.

1 Bernd sagt zu Martin: Denke dir eine Zahl. Multipliziere sie mit 6, zähle 12 hinzu, und teile dann durch 2. Vom Ergebnis ziehst du nochmals 6 ab.
Welche Ergebnisse erhält Martin, wenn er sich 18, 32 und 4 gedacht hat? Von welcher Zahl müsste Martin ausgehen, um 12, 18 oder 30 als Endergebnis zu bekommen?
Einmal sagt Martin: „Das geht doch gar nicht!“ Gibt es Ausgangszahlen, für die die Rechnung nicht durchführbar ist (wenn man sich auf die natürlichen Zahlen beschränken will)?
Versuche, diese Aufgabe mit einem Rechenausdruck zu schreiben. Verwende x als Platzhalter für die gedachte Zahl.

2 Welche beiden natürlichen Zahlen haben die Summe 48 und die Differenz 10?
Welche beiden natürlichen Zahlen haben das Produkt 98 und den Quotienten 2?

3 Denke dir eine natürliche Zahl kleiner als 10. Multipliziere sie mit 24, teile das Ergebnis durch 3. Dann wird durch die gedachte Zahl geteilt. Immer kommt 8 heraus. Wieso wohl?

4 Eulers haben zur Silvesterparty fünf befreundete Ehepaare eingeladen. Die Stimmung ist nicht besonders gut. Alle sind froh, als der kleine Leonhard – ein Sohn des Hauses – ein Spiel vor-

schlägt: „Jeder erhält einen Zettel. Darauf schreibt er das Ergebnis der folgenden Rechnung: Zur Jahreszahl des heutigen Tages (es war der 31. 12. 1987) addiert ihr die Anzahl eurer Ehejahre, subtrahiert vom Ergebnis euer Lebensalter. Dann zählt ihr die von hinten gelesene Jahreszahl von heute hinzu sowie die Anzahl eurer Junggesellenjahre.“ – Alle rechnen eifrig und schreiben ihr Ergebnis auf. Das Erstaunen ist groß, als Leonhard sagt: „Auf jedem Zettel steht die Zahl 9 878.“
Wie hat er das wohl angestellt?

5 Für welche natürlichen Zahlen gilt: Nimmt man das Quadrat der Zahl und addiert die Zahl selbst hinzu, so ist die Summe kleiner als 120. Suche alle Lösungen dieser Aufgabe. Welche Lösungen kommen noch hinzu, wenn man auch negative Zahlen zulässt?

Unter dem Quadrat einer Zahl versteht man das Produkt dieser Zahl mit sich selbst:

$$3^2 \text{ (sprich: 3 Quadrat)} = 3 \cdot 3 = 9.$$

6 In Matheland lässt der König neue Geldstücke prägen. Seine Untertanen staunen, da nur 3- und 5-Taler-Stücke ausgegeben werden. Sie protestieren: „Damit kann man doch gar nicht jeden gewünschten Betrag bezahlen!“ Haben die Untertanen Recht oder war ihr König vielleicht schlauer, als sie meinten?
Du musst wissen: In Matheland wird nur mit natürlichen Zahlen gerechnet. Der niedrigste in Matheland bekannte Preis beträgt 8 Taler.

Rätselhaftes um Zahlen

Versuche einmal, alle Beträge zwischen 8 und 25 Talern mit 3- und 5-Taler-Stücken zu bezahlen. Merkst du was? Suche nach einer Gesetzmäßigkeit.

Eine Zahl lässt sich auf **viele** Weisen darstellen: Man kann sie als **Wort** hinschreiben oder mithilfe von **Ziffern** in einem Zahldarstellungssystem angeben.

7 Gibt es unter den natürlichen Zahlen zwischen 1 und 100 mehr Zahlen, bei denen mindestens einmal die Ziffer 5 auftritt, oder gibt es mehr Zahlen, bei denen dies nicht der Fall ist?

8 Ein Stempel in einer Fabrik druckt pro Sekunde eine Zahl. Er fängt bei Arbeitsbeginn in der ersten Sekunde mit der 1 an, dann folgt die 2, dann die 3 und so fort. Wie oft druckt der Stempel in den beiden ersten Minuten die Ziffer 1, die Ziffer 9, die Ziffernfolge 12?

9 Ein **Palindrom** ist ein Wort (oder ein Satz), das sich von vorn und hinten gleich liest: Anna oder Reliefpfeiler sind Wortpalindrome. Das längste bekannte Satzpalindrom lautet: „Ein Neger mit Gazelle zagt im Regen nie.“ Ein Zahlpalindrom soll eine Zahl sein, die von hinten gelesen genauso aussieht wie von vorne:

z. B. 131, 4 224, 700 007.

Einziffrige Zahlen sind natürlich immer Palindrome.
Schreibe alle Palindrome zwischen 10 und 1 000 auf. Suche nach einer Gesetzmäßigkeit, mit deren Hilfe man die Reihe der Palindromzahlen aufbauen kann.

Rätselhaftes um Zahlen

10 Unter der **Quersumme** einer Zahl versteht man die Summe ihrer Ziffern: 1987 hat die Quersumme 25. Mithilfe von Quersummen kann man Zahlen auf Teilbarkeit untersuchen.
Bilde die Quersumme von 1 053, 81, 10 989 und 231 867. Teile jeweils diese Zahlen und ihre Quersummen durch 9. Was vermutest du aufgrund deiner Ergebnisse?

Geheimnisvolle Primzahlen

Diese besondere Zahlenart hat die Menschen schon immer begeistert. Sie bietet eine Fülle von Rätseln und Problemen, die zum Teil auch heute ungelöst sind.

Eine natürliche Zahl heißt *Primzahl,* wenn sie nur durch 1 und sich selbst teilbar ist.

11 Suche alle Primzahlen zwischen 2 und 200. Gehe möglichst systematisch dabei vor. Mach dir eine Primzahltabelle.

12 Eine **Mirpzahl** ist eine Primzahl, die von hinten gelesen wieder eine Primzahl ist (verstehst du den Namen?): 31 ist z. B. eine Mirpzahl, denn auch 13 ist eine Primzahl. Suche alle Mirpzahlen zwischen 2 und 100.

13 Mirpzahlen und Palindrome haben anscheinend etwas miteinander zu tun. Nenne alle Mirpzahlen zwischen 2 und 100, die keine Palindrome sind. Suche alle Palindrome zwischen 2 und 100, die zugleich Mirpzahlen sind.

* 14 (Aus einer Mathematikolympiade): Unter „Primzahldrillingen“ versteht man drei Primzahlen, die jeweils den Abstand 2 voneinander haben. Ist p ein Platzhalter für die kleinste dieser drei Zahlen, so heißt die nächstgrößere p + 2. Die größte im Bunde schreibt sich dann als p + 4.

Suche einen Primzahldrilling! Überlege dir: Es gibt nur einen einzigen Primzahldrilling.

Rätselhaftes um Zahlen

15

Hast du die vorige Aufgabe gelesen, so kannst du leicht erraten, was ein „Primzahlzwilling“ ist. Beschreibe diesen mithilfe eines Platzhalters. Suche alle Primzahlzwillinge zwischen 2 und 200.

Ein Schülerstreich

Um Lehrer Lümpel zu ärgern, haben seine Schüler einige Ziffern an der Tafel ausgewischt. Dort steht jetzt:

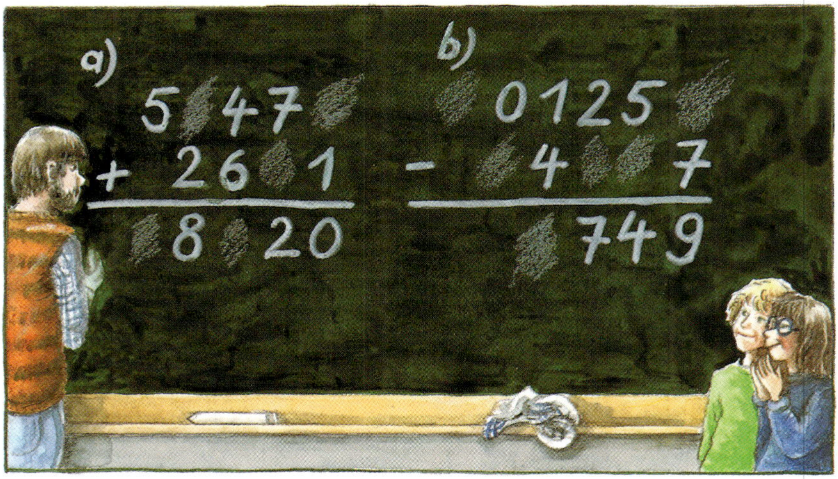

Kannst du Lehrer Lümpel helfen, seine Rechnungen wieder herzustellen?

Rätselhaftes um Zahlen

Rechnen mit Brüchen

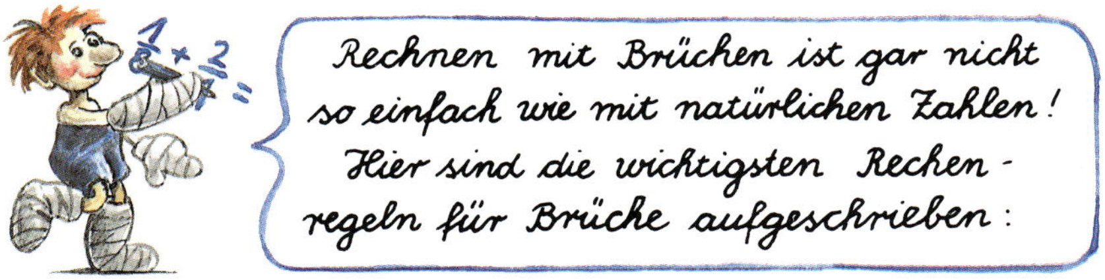

Zwei Brüche werden addiert, indem man sie gleichnamig macht und dann die Summe der Zähler bildet. Der Nenner wird beibehalten.

Ein Bruch wird von einem anderen subtrahiert, indem man beide gleichnamig macht und dann die Differenz der Zähler bildet. Der Nenner wird beibehalten.

Zwei Brüche werden miteinander multipliziert, indem man das Produkt der Zähler durch das der Nenner dividiert.

Ein Bruch wird durch einen anderen dividiert, indem man ihn mit dem Kehrbruch des Letzteren multipliziert.

Kürzen und **Erweitern** sind wichtige Operationen mit Brüchen. Gehen zwei Brüche durch Kürzen ineinander über, so gehören sie zur gleichen **Bruchzahl** (auch **rationale Zahl** genannt).

Rätselhaftes um Zahlen

Weit verbreitet ist die **falsche** Auffassung: Zwei Brüche werden addiert, indem man die Summe der Zähler durch die Summe der Nenner dividiert. Dennoch ist auch diese „falsche“ Addition zu etwas nützlich: Sie liefert nämlich stets einen Bruch, der zwischen den beiden anderen liegt. Das hat der niederländische Mathematiker und Ingenieur Simon Stevin im Jahre 1594 entdeckt („$<$“ bedeutet „ist kleiner als“).

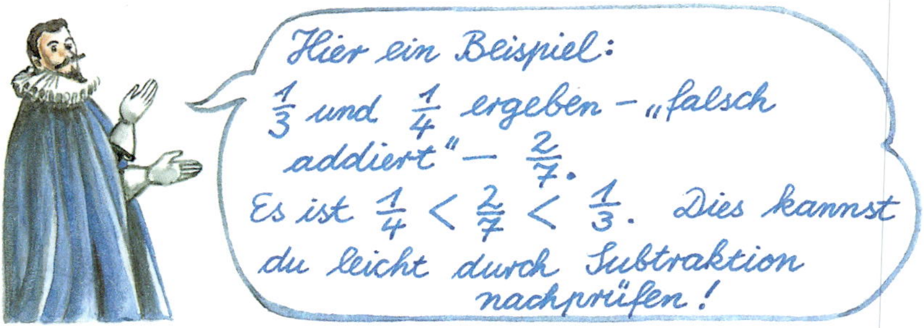

16 Finde jeweils einen Bruch, der zwischen den beiden angegebenen Brüchen liegt:

a) $\frac{1}{2}, \frac{3}{4}$; b) $\frac{3}{7}, \frac{5}{8}$; c) $\frac{1}{9}, \frac{1}{5}$; d) $\frac{11}{12}, \frac{12}{13}$.

* **17** Gibt es einen größten Bruch, auf den 1 unmittelbar folgt (zwischen dem gesuchten Bruch und 1 soll also kein weiterer Bruch mehr liegen)?

18 Von nun an wird stets „richtig“ gerechnet.
Ersetze den Platzhalter * durch eines der Rechenzeichen „+“, „−“, „·“ oder „:“. Verfahre so, dass die Rechnung stimmt.

a) $\frac{2}{3} * \frac{1}{9} = \frac{2}{27}$; b) $\frac{5}{7} * \frac{2}{5} = \frac{2}{7}$; c) $\frac{1}{4} * \frac{3}{8} = \frac{2}{3}$;

d) $\frac{1}{11} * \frac{3}{5} = \frac{38}{55}$; e) $\frac{4}{5} * \frac{2}{3} = \frac{8}{15}$; f) $\frac{3}{100} * \frac{7}{10} = \frac{3}{70}$;

g) $\frac{8}{9} * \frac{1}{3} = \frac{5}{9}$; h) $\frac{4}{15} * \frac{2}{5} = \frac{2}{3}$; i) $\frac{5}{6} * \frac{5}{12} = \frac{5}{12}$;

j) $\frac{1}{2} * \frac{2}{3} = \frac{3}{4}$.

19 Wie viel ist: $\frac{1}{4}$ von $\frac{1}{2}$ (lies: ein Viertel von einer Hälfte);

$\frac{5}{8}$ von $\frac{2}{3}$; $\frac{1}{12}$ von $\frac{1}{4}$; $\frac{1}{3}$ von $\frac{3}{8}$?

20 Angebot der Woche: Heute erhalten Sie für ein Drittel des alten Kaufpreises die vierfache Menge!
Wie viel günstiger ist dieses Angebot im Vergleich zum gewöhnlichen Preis?

21 Peter sagt: „Ich kenne einen Bruch, dessen Dreifaches das Doppelte von 1 ist."
Klaus fügt hinzu: „Und ich kenne einen, dessen Hälfte das Dreifache von $\frac{1}{12}$ ist."
Kennst du diese Brüche auch?

***22**

In der letzten Mathematikarbeit hatte ein Sechstel der Schüler aus der 6 b eine 1, ein Viertel eine 2, ein Drittel eine 3. Die restlichen 6 Schüler bekamen eine 4.
Wie viele Schüler hat die 6 b? Wie war der Notendurchschnitt in dieser Arbeit?

23 Ein Drittel der Schüler der Lutherschule spielt aktiv Fußball. Sieben Zwölftel aller Schüler der Schule sind Mitglieder eines Sportvereins; keiner ist zugleich in zwei Vereinen. Welcher Anteil von Schülern betreibt aktiv eine andere Sportart als Fußball? Ein Zwölftel aller Schüler gehört dem Tennisverein an. Welcher Anteil ist in einem anderen Sportverein als Fußball und Tennis? Welcher Anteil betreibt keinen Vereinssport?

Rätselhaftes um Zahlen

24 Die Kosten einer Klassenfahrt werden zu $\frac{1}{4}$ aus der Klassenkasse und zu $\frac{1}{3}$ von den Eltern getragen. Die Stadt schießt die Hälfte des Betrages zu, den Klassenkasse und Elternschaft zusammen aufbringen. Welchen Anteil müssen die Schüler noch aus eigener Tasche drauflegen?

25 a) Welche beiden Brüche haben die Summe $\frac{7}{12}$ und die Differenz $\frac{1}{12}$?

b) Welche beiden Brüche haben das Produkt $\frac{3}{50}$ und den Quotienten $\frac{2}{3}$?

26

Die Klasse 7 bekommt einen neuen Lehrer. Neugierig fragen die Schüler nach seinem Alter. Er antwortet: Nehme ich ein Drittel vom Doppelten meines Lebensalters, so erhalte ich das gleiche Resultat, wie wenn ich mein Alter um 10 vermindere. Wie alt ist der Lehrer? Gib einen Rechenausdruck mit Platzhalter an.

27 Ein Rätsel aus dem Rechenbuch des Adam Riese (1574): Ein Sohn will von seinem Vater dessen Alter wissen. Er antwortet: „Zähle zusammen das Doppelte meines gegenwärtigen Alters und die Hälfte davon. Dann addiere nochmals ein Viertel meines Alters hinzu. Fügst du nun noch 1 Jahr hinzu, so erhältst du 100 Jahre.“ Wie alt war der Vater?

Lösungen

Zauberquadrate

Beim ersten Zauberquadrat beträgt die Summe 15 (das siehst du an der ersten Spalte). Also muss in das mittlere Feld eine 5 und darunter eine 9. Der Rest ist jetzt einfach.

1.

8		
3	5	
4		2

2.

8		
3	5	
4	9	2

3.

8	1	
3	5	
4	9	2

4.

8	1	6
3	5	
4	9	2

5.

8	1	6
3	5	7
4	9	2

Das zweite Zauberquadrat ist schwieriger, weil in keiner Zeile, Spalte oder Diagonalen zwei Zahlen stehen. Wir wissen aber, dass die Summe 15 sein muss. Das ist übrigens kein Zufall: Jedes Quadrat mit 3 × 3 Kästchen muss die Summe 15 haben. Weiter hilft nur Ausprobieren. Unter die 9 dürfen keine zu großen Zahlen kommen, da wir dann schnell 15 als Summe überschreiten würden. Neben der 3 muss aber mindestens eine 4 stehen, damit wir in dieser Zeile noch die 15 erreichen können. Vielleicht wäre 5 ein vernünftiger Vorschlag.

Lösungen

	9	
3	5	
		6

1.

	9	
3	5	7
		6

2.

	9	
3	5	7
	1	6

3.

	9	
3	5	7
8	1	6

4.

4	9	
3	5	7
8	1	6

5.

4	9	2
3	5	7
8	1	6

6.

Glück gehabt – unser Ansatz führt zur Lösung. Hätten wir mit 4 begonnen, wären wir auch fast ans Ziel gekommen:

	9	
3	4	
		6

1)

5	9	
3	4	
		6

2)

5	9	
3	4	8
		6

3)

5	9	1
3	4	8
		6

4)

5	9	1
3	4	8
	2	6

5)

5	9	1
3	4	8
7	2	6

6)

Lösungen

Da du jetzt sicher weißt, wie man ein Zauberquadrat ergänzt, sei hier nur die Auflösung des großen Quadrates angegeben:

7	18	4	15	21
14	25	6	17	3
16	2	13	24	10
23	9	20	1	12
5	11	22	8	19

3	-4	1
-2	0	2
-1	4	-3

Das letzte Zauberquadrat hat die Summe 0. Das ist nur möglich, wenn auch negative Zahlen auftreten.

Es entsteht auf ganz einfache Weise aus dem ersten der oben betrachteten Quadrate. Überleg mal, wie das geht!

$7 + (-4) = 7 - 4.$

Für Wissbegierige:

Wieso weiß man eigentlich, dass die Summe in einem 3 × 3-Zauberquadrat (mit den Zahlen 1 bis 9) immer 15 sein muss?
Nun - man hat 9 Felder zur Verfügung. Auf diese sind die ersten 9 Zahlen zu verteilen. In jeder Zeile (oder Spalte) - davon gibt es je 3 - muss sich die gleiche Summe ergeben. Also ist die Gesamtsumme der ersten neun Zahlen in drei gleiche Teile aufzuteilen.

Lösungen

Zählt man die Zahlen 1, 2, 3, 4, 5, 6, 7, 8 und 9 zusammen, so erhält man 45. Demnach muss die Summe 45 : 3 = 15 sein.
Für ein 4 × 4-Quadrat ergibt sich als Gesamtsumme 136, also als Summe für die Zeilen (Spalten) 136 : 4 = 34.
Beim 5 × 5-Quadrat lauten die Zahlen 325 und 325 : 5 = 65.
Das scheint viel Arbeit zu sein: Beim 4 × 4-Quadrat muss man ja immerhin die Zahlen 1 bis 16 zusammenzählen. Es geht aber ganz schnell, wenn du dir folgenden Trick klarmachst:

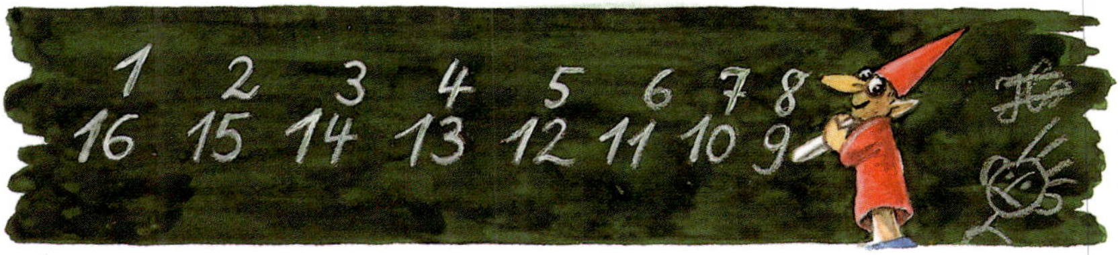

Zwei übereinander stehende Zahlen ergeben zusammen immer 17. Insgesamt hat man 8 Paare, also ist die gesuchte Gesamtsumme 8 · 17 = 136.
Versucht man den gleichen Kniff für die Zahlen 1 bis 25 (aus dem 5 × 5-Zauberquadrat), so bleibt eine Zahl ohne Partner. Du musst dir nur merken, dass dies stets die größte Zahl sein soll:

Jedes Paar hat als Summe die Zahl 25; es gibt 12 Paare und eine allein gebliebene (heute spricht man von einem „Single“) 25. Also insgesamt: 12 · 25 + 25 = 325.
Der Mathematiker drückt dies kurz in einer allgemeinen Formel aus: Die Summe der ersten n Zahlen (also $1 + 2 + \ldots + (n-1) + n$) ist

$$\frac{n \cdot (n+1)}{2}.$$

Dabei ist n der Platzhalter für die Anzahl der Zahlen. Wir haben die Formel für n = 9, n = 16 und n = 25 oben ausgerechnet. Ermittle mit ihrer Hilfe die Summe der ersten 100 und die Summe der ersten 1 000 Zahlen. Welche Zeilensumme hätte ein 100 × 100-Zauberquadrat?

Der Mathematiker Carl Friedrich Gauß, der von 1777 bis 1855 gelebt hat und Professor in Göttingen gewesen ist, hat den geschilderten Trick als siebenjähriger Grundschüler selbstständig gefunden.

Der Weise und der König

Holgers Vater müsste schon ziemlich reich sein, um sein Versprechen halten zu können. Das kannst du der folgenden Tabelle entnehmen:

Feldnummer	Betrag in Cent	Feldnummer	Betrag in Cent
1	1	14	8 192
2	2	15	16 384
3	4	16	32 768
4	8	17	65 536
5	16	18	131 072
6	32	19	262 144
7	64	20	524 288
8	128	21	1 048 576
9	256	22	2 097 152
10	512	23	4 194 304
11	1 024	24	8 388 608
12	2 048	25	16 777 216
13	4 096		
		Summe	33 554 432

Allein auf das Feld mit der Nummer 25 käme demnach ein Betrag von 16 777 216 Cents = 167 772,16 Euro. Insgesamt müsste Holgers Vater 335 544,32 Euro bezahlen.
Wollte man den Betrag auf dem fünfundzwanzigsten Feld tatsächlich mit Cents begleichen, so ergäbe das einen Turm von der Höhe 1 mm · 16 777 216 = 16 777 216 mm. Das sind 16,777 216 km, was ungefähr der doppelten Höhe des Mount Everest entspricht.
Vielleicht kannst du dir jetzt vorstellen, wie groß die Anzahl an Weizenkörnern war, die der König zu bezahlen hatte. Bedenke: Das Schachbrett hat 64 Felder.
Auf dem letzten Feld müssten rund 185 000 000 000 000 000 000 (185 Trillionen) Weizenkörner liegen. Das ist mehr als die heutige Weltproduktion an Weizen im Jahr.

Lösungen

Zahlenrätsel

1 Die Ergebnisse, die Martin erhält, sind:

gedachte Zahl	18	32	6
Ergebnis	54	96	18

Um die gedachte Zahl zu finden, die zu einem gewünschten Ergebnis führt, musst du
1) von hinten mit dem Ergebnis beginnen und
2) alle Rechenvorschriften umkehren.
Also z. B.: Wir gehen von der 12 aus. Zur 12 müssen wir 6 addieren, dann das Ergebnis mit 2 multiplizieren und 12 abziehen. Zum Schluss ist durch 6 zu teilen. Das Resultat ist die gedachte Zahl, die zu 12 als Ergebnis gehört.

Ergebnis	12	18	30
gedachte Zahl	4	6	10

Die ursprüngliche Rechnung ist immer im Bereich der natürlichen Zahlen ausführbar. Schwierigkeiten könnte es ja nur bei der Division durch 2 oder bei der Subtraktion von 6 geben. Man hat aber zuvor die gedachte Zahl mit 6 multipliziert und dann eine gerade Zahl dazugezählt. Also muss das Ergebnis durch 2 teilbar sein. Andererseits soll man 12 addieren und nachher durch 2 teilen. Also hat man die Zahl um mindestens 6 vergrößert.
Martin muss sich also verrechnet haben.
Der Rechenausdruck lautet: $(6 \cdot x + 12) : 2 - 6$. Dabei ist x der Platzhalter für die gedachte Zahl.
Beachte, dass die Klammer unbedingt notwendig ist!
Für die Rückrechnung sieht der Rechenausdruck so aus:

$$((y + 6) \cdot 2 - 12) : 6$$

y ist hier der Platzhalter für das Ergebnis. Auch hier müssen Klammern gesetzt werden.

2 Hier kann man so vorgehen: $48 = 24 + 24$. Die beiden gesuchten Summanden sollen die Differenz 10 haben, also zählen wir zur ersten 24 fünf dazu und ziehen von der zweiten fünf ab. Man erhält: $48 = 29 + 19$.

Soll der Quotient der beiden gesuchten Zahlen 2 sein, so muss die eine doppelt so groß wie die andere sein. Nun ist $98 = 2 \cdot 49 = 2 \cdot 7 \cdot 7$. Damit findest du als Lösung $98 = 14 \cdot 7$.

3 Hier besteht der Trick darin, dass durch die gesuchte Zahl später wieder dividiert wird. Der Rechenausdruck lautet:

$$((24 \cdot x):3):x = (8 \cdot x):x = 8.$$

(Jetzt stehen die Klammern nur zur Verdeutlichung!).

4 Klein-Leonhard verwendet einen ähnlichen Kniff. Was er nicht kennt, sind das Alter und die Anzahl der Ehejahre der Mitspieler. Aber es stimmt immer, dass das Lebensalter gleich der Anzahl der Ehejahre plus die Anzahl der Junggesellenjahre ist. Da das Alter zuerst abgezogen wird, die Ehejahre und die Junggesellenjahre aber hinzugezählt werden, ändert sich gar nichts. So was nennt man **Nulladdition.** Übrig bleibt die Summe von Jahreszahl und umgedrehter Jahreszahl:

5 Da $10^2 = 10 \cdot 10 = 100$ ist, liegt die Vermutung nahe, dass alle natürlichen Zahlen zwischen 1 und 10 Lösungen sind. Das stimmt in der Tat, wie du aus der folgenden Tabelle ersehen kannst (n ist ein Platzhalter für die gesuchte Zahl):

n	1	2	3	4	5	6	7	8	9	10	11
n^2	1	4	9	16	25	36	49	64	81	100	121
$n^2 + n$	2	6	12	20	30	42	56	72	90	110	132
Lösung?	ja	ja	ja	ja	ja	ja	ja	ja	ja	ja	nein

Lösungen

Jenseits von 11 werden die Summen natürlich immer größer; hier findest du bestimmt keine Lösungen mehr. Die Lösungsmenge ist:

$$\mathbb{L} = \{1, 2, 3, 4, 5, 6, 7, 8, 9, 10\}$$

Das Quadrat einer negativen Zahl ist stets positiv, weil ja

minus mal minus = plus

gilt. Vielleicht denkst du deshalb: Die negativen Zahlen, die den positiven Lösungen entsprechen, sind bestimmt auch Lösungen. Das werden auch schon alle sein. Aber betrachte mal den Fall von -10.

$$\begin{aligned}(-10)^2+(-10) &= (-10)\cdot(-10)+(-10)\\ &= 100-10 = 90\end{aligned}$$

Da die Zahl selbst negativ ist, wird ihr Quadrat verkleinert, wenn man sie hinzuaddiert. Versuchen wir mal -11:

$$\begin{aligned}(-11)^2+(-11) &= (-11)\cdot(-11)+(-11)\\ &= 121-11\\ &= 110\end{aligned}$$

Also ist -11 auch eine Lösung! Nun müssen wir auch -12 prüfen:

$$\begin{aligned}(-12)^2+(-12) &= (-12)\cdot(-12)+(-12)\\ &= 144-12\\ &= 132\end{aligned}$$

-12 ist demnach keine Lösung mehr. Lässt man auch negative Zahlen zu, so sind alle Zahlen von -11 bis 10 Lösungen. Die Lösungsmenge sieht so aus:

$$\mathbb{L} = \{-11, -10, -9, -8, -7, -6, -5, -4, -3, -2, -1, 0, 1, 2, 3, 4, 5, 6, 7, 8, 9, 10\}$$

Du siehst: Die Lösungsmenge ändert sich, je nachdem, welchen Zahlbereich man zugrunde legt. Deshalb kann es vorteilhaft sein, den Zahlbereich mit anzugeben:

$$\mathbb{L}_{\mathbb{N}} = \{1, 2, \ldots, 9, 10\} \quad \text{und} \quad \mathbb{L}_{\mathbb{Z}} = \{-11, -10, \ldots, 9, 10\}$$

$\mathbb{Z}$ bedeutet die Menge der ganzen Zahlen, also der positiven und negativen Zahlen $\{\ldots, -2, -1, 0, 1, 2, \ldots\}$.

Lösungen

6 Am besten probieren wir mal einige Preise aus:

8 Taler = 5 Taler + 3 Taler
9 Taler = 3 mal 3 Taler
10 Taler = 2 mal 5 Taler
11 Taler = 2 mal 3 Taler + 5 Taler
12 Taler = 4 mal 3 Taler
13 Taler = 2 mal 5 Taler + 3 Taler
14 Taler = 3 mal 3 Taler + 5 Taler
15 Taler = 3 mal 5 Taler
usw.

Mathelands Bürger finden keinen Betrag, der nicht mit 3- und 5-Taler-Stücken zu bezahlen wäre. Woran liegt das?
Ganz einfach: Kann man 8 Taler auf die vorgeschriebene Weise bezahlen, so auch 13 Taler (man nehme ein 5-Taler-Stück hinzu), 18 Taler (man nehme zwei 5-Taler-Stücke hinzu) usw.;
Kann man 9 Taler auf die vorgeschriebene Weise bezahlen, so auch 14 Taler (man nehme ein 5-Taler-Stück hinzu), 19 Taler (man nehme zwei 5-Taler-Stücke hinzu) usw.
Dieselbe Überlegung wird für 10-, 11- und 12-Taler-Beträge angestellt. Alle anderen Zahlen sind dann in unsere Überlegung mit einbezogen. Für die Zahlen zwischen 8 und 12 haben wir die Lösung schon gefunden. Also gibt es keinen Betrag, den man nicht bezahlen könnte.
Der König von Matheland war ein guter Mathematiker.

7 Folgende Zahlen zwischen 1 und 100 weisen die Ziffer 5 auf: 5, 15, 25, 35, 45, 50, 51, 52, 53, 54, 55, 56, 57, 58, 59, 65, 75, 85, 95. Das sind 19 Stück. Also gibt es von der anderen Sorte viel mehr (nämlich 81).

8 Zwei Minuten sind hundertundzwanzig Sekunden. Die Ziffer **1** kommt vor:

in allen Zahlen von 10 bis 19, also 11-mal,
in allen Zahlen von 100 bis 120, also 33-mal

Daneben tritt sie noch auf in: 1, 21, 31, 41, 51, 61, 71, 81, 91, also insgesamt 53-mal.

Lösungen

Die Ziffer **9** tritt weniger oft auf: 9, 19, 29, 39, 49, 59, 69, 79, 89, 109, 119, also 11-mal.
Hinzu kommen noch die Zahlen 90, 91, 92, 93, 94, 95, 96, 97, 98, 99; die 9 taucht hier 11-mal auf.
Insgesamt kommt die Ziffer 9 also 22-mal vor.
Die Zifferfolge **12** tritt auf in: 12, 112, 120, also insgesamt 3-mal.

9 Palindrome sind 11, 22, 33, 44, 55, 66, 77, 88, 99, 101, 111, 121, 131, 141, 151, 161, 171, 181, 191, 202, 212, 222, 232, 242, 252, 262, 272, 282, 292, 303 usw.
919, 929, 939, 949, 959, 969, 979, 989, 999 und jetzt kommt 1 001.
Die Palindrome zwischen 11 und 99 unterscheiden sich immer um 11. Beim Überspringen des Hunderters gibt es einen Zweierschritt (von 99 nach 101). Dann kommen Zehnerschritte bis der nächste Hunderter erreicht ist. Beim Überspringen von 200 folgt ein Elferschritt (von 191 bis 202), auf den wieder Zehnerschritte folgen. In diesem Rhythmus geht es weiter bis zu 999.
Erforsche doch mal, wie es mit den Palindromen jenseits der 1 000 bestellt ist.

10 1 053 hat die Quersumme $1+0+5+3=9$.
Sowohl $1\,053 = 117 \cdot 9$ als auch 9 sind durch 9 teilbar.
81 hat ebenfalls die Quersumme 9. Wieder sind beide Zahlen durch 9 teilbar.
10 989 hat die Quersumme 27. Sowohl $10\,989 = 1\,221 \cdot 9$ als auch 27 sind durch 9 teilbar.
Eine Zahl ist durch 9 teilbar, wenn ihre Quersumme durch 9 teilbar ist. Diese Vermutung ist in der Tat richtig. Man spricht deshalb von der **Neunerprobe.**

Geheimnisvolle Primzahlen

11 Primzahlen haben schon die antiken Mathematiker fasziniert. Bis heute ist es nicht gelungen, alle ihre Geheimnisse zu ergründen. Schwierig ist es, von einer großen Zahl herauszufinden, ob sie eine Primzahl ist oder nicht. Aber für kleine Zahlen hat schon der Grieche Eratosthenes (276–196 v. Chr.) ein brauchbares Verfahren gefunden. Es wird ihm zu Ehren „Sieb des Eratosthenes“ genannt. Zuerst schreibst du alle interessierenden Zahlen (also in unserem Fall die Zahlen 2 bis 200) auf. Am besten ist es, wenn du immer 10 Zahlen in eine Zeile schreibst.

	2	3	~~4~~	5	~~6~~	7	~~8~~	~~9~~	~~10~~
11	~~12~~	13	~~14~~	~~15~~	~~16~~	17	~~18~~	19	~~20~~
~~21~~	~~22~~	23	~~24~~	~~25~~	~~26~~	~~27~~	~~28~~	29	~~30~~
31	~~32~~	~~33~~	~~34~~	~~35~~	~~36~~	37	~~38~~	~~39~~	~~40~~
41	~~42~~	43	~~44~~	~~45~~	~~46~~	47	~~48~~	~~49~~	~~50~~
~~51~~	~~52~~	53	~~54~~	~~55~~	~~56~~	~~57~~	~~58~~	59	~~60~~
61	~~62~~	~~63~~	~~64~~	~~65~~	~~66~~	67	~~68~~	~~69~~	~~70~~
71	~~72~~	73	~~74~~	~~75~~	~~76~~	~~77~~	~~78~~	79	~~80~~
~~81~~	~~82~~	83	~~84~~	~~85~~	~~86~~	~~87~~	~~88~~	89	~~90~~
~~91~~	~~92~~	~~93~~	~~94~~	~~95~~	~~96~~	97	~~98~~	~~99~~	~~100~~
101	~~102~~	103	~~104~~	~~105~~	~~106~~	107	~~108~~	109	~~110~~
~~111~~	~~112~~	113	~~114~~	~~115~~	~~116~~	~~117~~	~~118~~	~~119~~	~~120~~
~~121~~	~~122~~	~~123~~	~~124~~	~~125~~	~~126~~	127	~~128~~	~~129~~	~~130~~
131	~~132~~	~~133~~	~~134~~	~~135~~	~~136~~	137	~~138~~	139	~~140~~
~~141~~	~~142~~	~~143~~	~~144~~	~~145~~	~~146~~	~~147~~	~~148~~	149	~~150~~
151	~~152~~	~~153~~	~~154~~	~~155~~	~~156~~	157	~~158~~	~~159~~	~~160~~
~~161~~	~~162~~	163	~~164~~	~~165~~	~~166~~	167	~~168~~	~~169~~	~~170~~
~~171~~	~~172~~	173	~~174~~	~~175~~	~~176~~	~~177~~	~~178~~	179	~~180~~
181	~~182~~	~~183~~	~~184~~	~~185~~	~~186~~	~~187~~	~~188~~	~~189~~	~~190~~
191	~~192~~	193	~~194~~	~~195~~	~~196~~	197	~~198~~	199	~~200~~

Lösungen

Etwas mühsam ist das schon. Nun beginnen wir, indem wir alle Vielfachen von 2 ausstreichen (also 4, 6, 8, ... ; aber nicht 2 selbst!). Diese Zahlen sind bestimmt keine Primzahlen. Jetzt kommen die Vielfachen von 3 (nicht 3 selbst!) an die Reihe. Auch die sind sicher keine Primzahlen. Zahlen, die bereits ausgestrichen sind, brauchst du nicht nochmals durchzustreichen. Streiche nun die Vielfachen von 5, 7, 11 und 13 aus. Die Vielfachen von 4, 6, 8, 9, 10, 12 und 14 hast du bereits ausgestrichen. Denn das sind alles auch Vielfache von 2, 3 oder 7. Die letzte Reihe, die du durchgehen musst, ist die 14er-Reihe, denn $14 \cdot 14 = 196$. Die Zahlen, die jetzt noch nicht durchgestrichen sind, sind die gesuchten Primzahlen.

12 Lassen wir die einziffrigen Primzahlen weg, so finden wir folgende Mirpzahlen:

11/11; 13/31; 17/71; 37/73 und 79/97.

Mach dir klar, dass eine Primzahl zwischen 21 und 29, 41 und 49, 51 und 59, 61 und 69 sowie 81 und 89 niemals eine Mirpzahl sein kann.

13 Eine Mirpzahl ist ein Palindrom, wenn sie von hinten und von vorn gelesen gleich aussieht. Schaust du deine Lösung von Aufgabe 12 an, so findest du: Es gibt zwischen 2 und 100 nur eine palindromische Mirpzahl, nämlich die 11. Die anderen Mirpzahlen aus Aufgabe 12 sind keine Palindrome: 13; 17; 31; 37; 71; 73; 79 und 97. Palindrome, die keine Primzahlen sind, sind: 22, 33, 44, 55, 66, 77, 88 und 99.

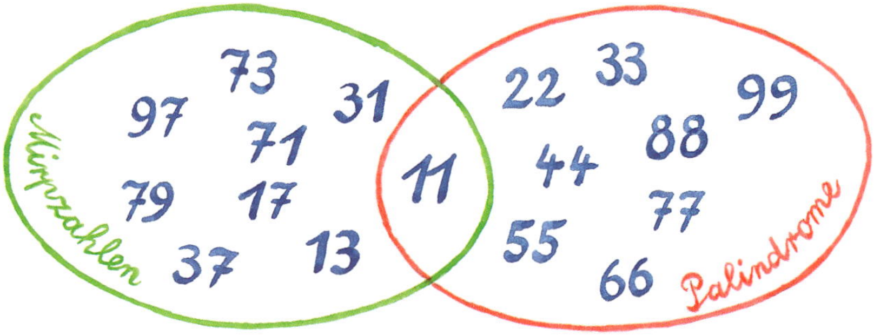

14 Schaust du nochmals auf dein „Sieb", so entdeckst du sofort den Primzahldrilling 3, 5, 7.
Angenommen, wir hätten einen weiteren Primzahldrilling (p, p + 2, p + 4), wobei p für eine Primzahl größer als 3 stehen soll. Dann darf p nicht durch 3 teilbar sein. Versuchen wir, p durch 3 zu teilen, so bleibt entweder der Rest 1 oder der Rest 2 (z. B. 13 : 3 = 4 Rest 1 oder 11 : 3 = 3 Rest 2). Bleibt der Rest 1, so wäre aber p + 2 durch 3 teilbar (z. B. 13 + 2 = 15 ist durch 3 teilbar). Ergibt sich der Rest 2, so teilt 3 aber p + 4 (z. B. 11 + 4 = 15 ist durch 3 teilbar). Also kann es einen weiteren Drilling nicht geben, denn eine der Zahlen p, p + 2 und p + 4 ist sicher durch 3 teilbar.

15 Ein Primzahlzwilling sind zwei Primzahlen, die im Abstand 2 aufeinander folgen. Mit Platzhaltern lässt sich das so ausdrücken: (p; p + 2). Solche Zwillinge findest du im „Sieb":

3, 5; 5, 7; 11, 13; 17, 19; 29, 31; 41, 43; 59, 61; 71, 73; 101, 103; 107, 109; 137, 139; 149, 151; 179, 181; 191, 193; 197, 199.

Während es nur einen einzigen Drilling gibt, scheint es so, als würde die Reihe der Zwillinge nie aufhören, anders gesagt: als gäbe es unendlich viele Primzahlzwillinge. Das konnte aber bis heute noch niemand beweisen.

Lösungen

Ein Schülerstreich

Da haben die Schüler Herrn Lümpel böse mitgespielt. Aber als richtiger Mathematiker weiß sich dieser zu helfen. Er blickt scharf hin und beginnt aufzufüllen.

a)

$$\begin{array}{rccccc} & 5 & * & 4 & 7 & 9 \\ + & & 2 & 6 & * & 1 \\ \hline & * & 8 & * & 2 & 0 \end{array}$$

Denn sonst kommt man in der letzten Spalte nicht auf 0.

$$\begin{array}{rccccc} & 5 & * & 4 & 7 & 9 \\ + & & 2 & 6 & * & 1 \\ & & & & {\scriptstyle 1} & \\ \hline & * & 8 & * & 2 & 0 \end{array}$$

Übertrag aus der letzten Spalte.

$$\begin{array}{rccccc} & 5 & * & 4 & 7 & 9 \\ + & & 2 & 6 & 4 & 1 \\ & & & {\scriptstyle 1} & {\scriptstyle 1} & \\ \hline & * & 8 & * & 2 & 0 \end{array}$$

Denn $7+1+4 = 12$; also die 4 in die zweitletzte Spalte und Übertrag 1.

$$\begin{array}{rccccc} & 5 & * & 4 & 7 & 9 \\ + & & 2 & 6 & 4 & 1 \\ & & {\scriptstyle 1} & {\scriptstyle 1} & {\scriptstyle 1} & \\ \hline & * & 8 & 1 & 2 & 0 \end{array}$$

Jetzt wird die dritte Spalte ausgerechnet: $4 + 6 + 1 = 11$, gibt wieder den Übertrag 1.

$$\begin{array}{rccccc} & 5 & 5 & 4 & 7 & 9 \\ + & & 2 & 6 & 4 & 1 \\ & & {\scriptstyle 1} & {\scriptstyle 1} & {\scriptstyle 1} & \\ \hline & 5 & 8 & 1 & 2 & 0 \end{array}$$

In die zweite Spalte muss eine 5, denn $5 + 2 + 1 = 8$. Der Rest ist einfaches Ausrechnen.

b)

$$\begin{array}{rcccccc} & * & 0 & 1 & 2 & 5 & 6 \\ - & & & * & 4 & * & * & 7 \\ & & & & & {\scriptstyle 1} & \\ \hline & & & & * & 7 & 4 & 9 \end{array}$$

Auch hier wird in der letzten Spalte begonnen. Dort muss eine 6 ergänzt werden, denn $16 - 7 = 9$. Also ist ein Übertrag von 1 nötig.

$$\begin{array}{rcccccc} & * & 0 & 1 & 2 & 5 & 6 \\ - & & * & 4 & * & 0 & 7 \\ & & & & & {\scriptstyle 1} & \\ \hline & & & * & 7 & 4 & 9 \end{array}$$

Es ist $5 - 0 - 1 = 4$.

$$\begin{array}{ccccccc} & * & 0 & 1 & 2 & 5 & 6 \\ - & & * & 4 & 5 & 0 & 7 \\ & & & {\scriptstyle 1} & & {\scriptstyle 1} & \\ \hline & & & * & 7 & 4 & 9 \end{array}$$

In die dritte Spalte muss eine 5, weil 12 - 5 = 7 ist. Das ergibt 1 als Übertrag.

$$\begin{array}{ccccccc} & * & 0 & 1 & 2 & 5 & 6 \\ - & & * & 4 & 5 & 0 & 7 \\ & & {\scriptstyle 1} & {\scriptstyle 1} & & {\scriptstyle 1} & \\ \hline & & & & 7 & 4 & 9 \end{array}$$

Es ist $11 - 4 - 1 = 6$.

$$\begin{array}{ccccccc} & * & 0 & 1 & 2 & 5 & 6 \\ - & & 9 & 4 & 5 & 0 & 7 \\ & {\scriptstyle 1} & {\scriptstyle 1} & {\scriptstyle 1} & & {\scriptstyle 1} & \\ \hline & & & 6 & 7 & 4 & 9 \end{array}$$

In die zweite Spalte muss eine 9, weil nur so die 0 unterm Strich (die nicht hingeschrieben wurde) zustande kommen kann. Übertrag nicht vergessen.
10 - 9 - 1 = 0

$$\begin{array}{ccccccc} & 1 & 0 & 1 & 2 & 5 & 6 \\ - & & 9 & 4 & 5 & 0 & 7 \\ \hline & & & 6 & 7 & 4 & 9 \end{array}$$

Wegen des Übertrages muss an die erste Stelle eine 1 kommen: 1 - 1 = 0.

Rechnen mit Brüchen

16 Einen Bruch, der zwischen zwei gegebenen Brüchen liegt, findest du nach der Methode „Zähler plus Zähler durch Nenner plus Nenner“.

a) $\frac{1}{2} < \frac{4}{6} = \frac{2}{3} < \frac{3}{4}$; b) $\frac{3}{7} < \frac{8}{15} < \frac{5}{8}$;

c) $\frac{1}{9} < \frac{2}{14} = \frac{1}{7} < \frac{1}{5}$; d) $\frac{11}{12} < \frac{23}{25} < \frac{12}{13}$.

17 Einen solchen Bruch kann es nicht geben. Wäre $\frac{m}{n}$ der größte Bruch kleiner als 1 (m und n sind Platzhalter für natürliche Zahlen), so bilden wir:

$$\frac{m+1}{n+1}.$$

Lösungen

Nach dem, was wir in Aufgabe 16 gelernt haben, liegt dieser Bruch zwischen

$\frac{m}{n}$ und $\frac{1}{1} = 1$, das heißt: $\frac{m}{n} < \frac{m+1}{n+1} < \frac{1}{1}$.

Also wäre $\frac{m+1}{n+1}$ ein größerer Bruch als $\frac{m}{n}$, der aber immer noch kleiner als 1 ist. Damit haben wir uns in einen Widerspruch verwickelt.

18 a) $\frac{2}{3} \cdot \frac{1}{9} = \frac{2}{27}$ b) $\frac{5}{7} \cdot \frac{2}{5} = \frac{10}{35} = \frac{2}{7}$ c) $\frac{1}{4} : \frac{3}{8} = \frac{2}{3}$

d) $\frac{1}{11} + \frac{3}{5} = \frac{38}{55}$ e) $\frac{4}{5} \cdot \frac{2}{3} = \frac{8}{15}$ f) $\frac{3}{100} : \frac{7}{10} = \frac{3}{70}$

g) $\frac{8}{9} - \frac{1}{3} = \frac{5}{9}$ h) $\frac{4}{15} + \frac{2}{5} = \frac{10}{15} = \frac{2}{3}$ i) $\frac{5}{6} - \frac{5}{12} = \frac{5}{12}$

j) $\frac{1}{2} : \frac{2}{3} = \frac{3}{4}$.

19 Ein Viertel von einer Hälfte ist ein Achtel.

„Von“ musst du mit „·“ übersetzen.

$$\frac{5}{8} \cdot \frac{2}{3} = \frac{10}{24} = \frac{5}{12}; \quad \frac{1}{12} \cdot \frac{1}{4} = \frac{1}{48}; \quad \frac{1}{3} \cdot \frac{3}{8} = \frac{1}{8}.$$

Fertige zur letzten Gleichung eine Skizze ähnlich der Obigen an.

20 Bekommt man für ein Drittel die vierfache Menge, so erhält man für den vollen Preis dreimal die vierfache Menge, also das Zwölffache.

21 Der erste Bruch ist $\frac{2}{3}$, denn $3 \cdot \frac{2}{3} = 2 \cdot 1$.

Der zweite Bruch ist $\frac{1}{2}$, denn $\frac{1}{2} \cdot \frac{1}{2} = \frac{1}{4} = 3 \cdot \frac{1}{12}$.

22 Du musst herausfinden, welchen Anteil an der Gesamtklasse die restlichen 6 Schüler ausmachen. Die Noten sind bekannt für $\frac{1}{6}$ der Klasse (die hatten eine 1), für $\frac{1}{4}$ (die Zweier) und für $\frac{1}{3}$ (die Dreier). Zusammen macht das:

$$\frac{1}{6} + \frac{1}{4} + \frac{1}{3} = \frac{2}{12} + \frac{3}{12} + \frac{4}{12} = \frac{9}{12} = \frac{3}{4}.$$

Die restlichen 6 Schüler bilden das fehlende Viertel der Klasse. Also umfasst die Klasse $6 \cdot 4 = 24$ Schüler. Der Notendurchschnitt ist $2{,}\overline{6}$.

23 Hier musst du den Anteil der Fußballer vom Anteil der Sportler insgesamt abziehen:

$$\frac{7}{12} - \frac{1}{3} = \frac{7}{12} - \frac{4}{12} = \frac{3}{12} = \frac{1}{4}.$$

Ein Viertel der Schüler der Lutherschule betreibt eine andere Sportart als Fußball.
Um die Sportler, die nicht Tennis spielen, zu ermitteln, musst du vom Anteil der Nichtfußballer noch den Anteil der Tennisspieler abziehen:

$$\frac{1}{4} - \frac{1}{12} = \frac{3}{12} - \frac{1}{12} = \frac{2}{12} = \frac{1}{6}.$$

Ein Sechstel der Schüler der Lutherschule betreibt eine andere Sportart als Fußball oder Tennis.
Willst du den Anteil der Nichtsportler herausfinden, so musst du von 1 (Gesamtheit aller Schüler) den Anteil der organisierten Sportler abziehen.

$$1 - \frac{7}{12} = \frac{12}{12} - \frac{7}{12} = \frac{5}{12}.$$

$\frac{5}{12}$ der Schüler der Lutherschule betreiben keinen Sport im Verein.

Lösungen

24 Die Klassenkasse und die Eltern bezahlen zusammen $\frac{1}{3} + \frac{1}{4} = \frac{4}{12} + \frac{3}{12} = \frac{7}{12}$ der Fahrtkosten. Die Stadt legt hiervon die Hälfte drauf:

$\frac{1}{2} \cdot \frac{7}{12} = \frac{7}{24}$. Der Gesamtzuschuss beträgt damit

$$\frac{7}{12} + \frac{7}{24} = \frac{14}{24} + \frac{7}{24} = \frac{21}{24} = \frac{7}{8}.$$

Die Differenz zu 1 müssen die Schüler selbst bezahlen. Das ist genau ein Achtel.

25 a) Die Antwort lautet: $\frac{1}{3}$ und $\frac{1}{4}$. Es ist nämlich:

$$\frac{1}{3} + \frac{1}{4} = \frac{4}{12} + \frac{3}{12} = \frac{7}{12} \quad \text{und} \quad \frac{1}{3} - \frac{1}{4} = \frac{4}{12} - \frac{3}{12} = \frac{1}{12}.$$

b) Die Antwort lautet $\frac{1}{5}$ und $\frac{3}{10}$.

26 Mit dem Platzhalter x für das gesuchte Alter erhältst du folgende Gleichung:

$$\frac{1}{3} \cdot 2x = x - 10$$

$$\frac{2}{3}x = x - 10$$

$$\frac{2}{3}x + 10 = x$$

$$10 = x - \frac{2}{3}x$$

$$10 = \frac{1}{3}x$$

$$30 = x$$

Der Lehrer ist 30 Jahre alt.

Du kannst auch so überlegen: Vom Doppelten ein Drittel zu nehmen ist dasselbe wie zwei Drittel vom Ganzen. Also ist das ganze Alter, vermindert um 10, gleich zwei Drittel des Alters. Anders gesagt: Addiert man zu den zwei Dritteln des Lebensalters noch 10 hinzu, so erhält man das ganze Lebensalter. Somit ist ein Drittel der gesuchten Zahl 10, also die Zahl selbst 30.

27 Überlege zuerst, wie oft insgesamt das Lebensalter auftritt: einmal doppelt, einmal als Hälfte und einmal als Viertel. Zusammen macht das

$2 + \frac{1}{2} + \frac{1}{4} = \frac{8}{4} + \frac{2}{4} + \frac{1}{4} = \frac{11}{4}$. Zählt man zu diesen $\frac{11}{4}$ des Lebensalters ein Jahr hinzu, erhält man hundert Jahre. Also entsprechen den $\frac{11}{4}$ des Lebensalters 100 Jahre − 1 Jahr = 99 Jahre. Willst du das Lebensalter nun herausfinden, so musst du mit 4 multiplizieren und dann durch 11 teilen. Du erhältst:

$$\frac{4 \cdot 99}{11} = \frac{396}{11} = 36.$$

Das Lebensalter des Vaters betrug 36 Jahre.

Knobeln mit Größen

Der Riese im Klassenzimmer

Als die Kinder vor der ersten Stunde das Klassenzimmer betreten, finden sie riesige Fußstapfen und Handabdrücke auf dem Boden und an der Tafel. Peter ruft: „Ein Riese war in unserer Klasse!“ Die Kinder sind sehr aufgeregt. Da kommt Lehrer Rüstig. Er sagt: „Wir wollen mal herausfinden, wie groß der Riese war!“ Aber wie soll das gehen? Anne hat eine Idee: „Wir messen die Hand eines Kindes und den Handabdruck an der Tafel. Dann rechnen wir aus, wievielmal größer als ein Kind der Riese ist.“ Gesagt – getan. Sabine und Bernd messen die Riesenhand. Sie finden: Der Abdruck ist 1 m 20 cm groß. Dann kommt die Hand von Hans an die Reihe: Sie ist 15 cm lang. Hans sagt: „Ich bin 1 m 30 cm groß. Also ist der Riese 10 m 40 cm lang!“ Wie hat er das herausgefunden?
Nun sollen die Fußspuren vermessen werden. Der Riesenfuß misst genau 2 m, ein Schuh von Hans 25 cm. Wievielmal ist demnach der Riesenfuß größer? Plötzlich ruft Katja: „An dieser Geschichte ist doch etwas faul!“

1 Kannst du dir denken, was sie meint? Die Brille von Hans ist 1 dm 1 cm breit. Wie groß wäre eine Riesenbrille?
Hans wiegt 32 kg. Wie schwer ist der Riese?
Das Alter von Hans beträgt 11 Jahre. Wie alt ist wohl der Riese?

Das Rätsel des Euklid

2 Rätsel und Knobeleien mit Größen standen schon bei den alten Griechen hoch im Kurs. Hier ist eine Aufgabe, die von Euklid (um 300 v. Chr.) stammt: Esel und Maultier trotten nebeneinander her. Beide schleppen Säcke auf ihrem Rücken. Da sagt das Maultier: Gibst du mir einen Sack, so trage ich doppelt so viel wie du. Nimmst du mir einen Sack ab, so haben wir gleich viel zu schleppen. Wie viele Säcke tragen Maultier und Esel?

Ach, du liebe Zeit!

3 Hans, Peter, Gertrud und Adelheid staunen nicht schlecht, als sie sich am Donnerstag in der allwöchentlichen Kindervorstellung im „Lux“ begegnen. Das „Lux“ ist ein Kino. Oft haben sie sich nämlich noch nicht dort getroffen. Hans darf jede Woche ins Kino, Gertrud alle zwei, Adelheid nur alle drei Wochen. Peter hat die strengsten Eltern: Er bekommt alle vier Wochen Geld, um den Eintritt zu bezahlen. In wie viel Wochen werden sich alle vier Kinder im Kino wiedersehen?

4 Zu welchen Uhrzeiten stehen der kleine und der große Zeiger einer Uhr genau übereinander und zeigen auf eine volle Minute?

Knobeln mit Größen

Allerlei Längen

5 Wie oft läuft der Sekundenzeiger einer Uhr zwischen 12.00 Uhr und 13.00 Uhr über den Minutenzeiger hinweg? Und wie oft trifft er den Stundenzeiger?
Wie oft läuft der Minutenzeiger an einem Tag über den Stundenzeiger hinweg?

6 Ein Mikroskop vergrößert 800fach.
a) Ein Faden erscheint unter dem Mikroskop 4 cm dick. Wie dick ist er in Wirklichkeit?
b) Ein Pantoffeltierchen ist 0,07 mm lang. Wie groß sieht es unter dem Mikroskop aus?

7 Ein Sammler legt zwischen seine Münzen jeweils ein Samttuch von 1,5 mm Dicke. Die Münzen sind doppelt so dick wie das Tuch. Insgesamt legt er 11 Münzen übereinander. Wie hoch wird der Turm, wenn zuunterst ein Tischtuch von 2 mm Dicke liegt?

8 Hase und Fuchs vereinbaren ein Wettrennen über 200 m. Der Hase macht Sprünge von 1 m, der Fuchs schafft nur 60 cm. Meister Reineke schlägt vor: Gib mir 100 m Vorsprung. Sonst habe ich mit meinen kurzen Beinen keine Chance! Der Hase ist einverstanden. Wer gewinnt das Rennen? Nach wie viel Metern holt der Hase den Fuchs ein?
Auch bei den folgenden Aufgaben handelt es sich um Längen, wenn es auf den ersten Blick vielleicht auch anders aussehen mag.

Knobeln mit Größen

9 Aus Draht soll für die Schule das Modell einer Pyramide mit quadratischer Grundfläche zusammengelötet werden. Die Abmessungen entnehmen die Schüler der Skizze von Lehrer Schneider. Wie viel Draht wird benötigt?

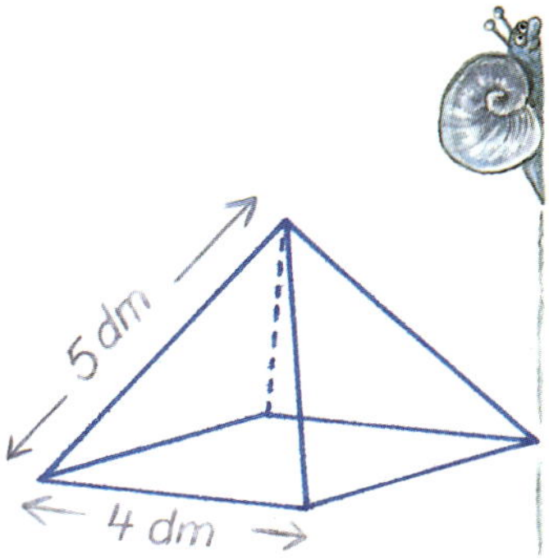

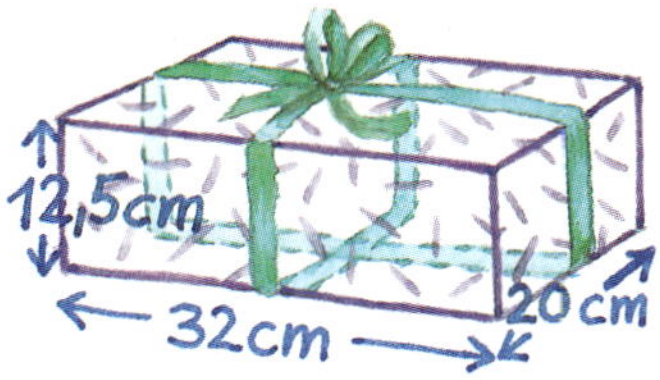

10 Beate will ein Weihnachtspaket verschicken. Um sicherzugehen, möchte sie eine Schnur, wie abgebildet, darumbinden. Wie lang muss die Schnur sein, wenn man für den Knoten am Ende zusätzlich 8 cm Schnur braucht?

11 Eine Schnecke kriecht eine senkrechte Mauer von 2 m 2 dm Höhe empor. Tagsüber schafft sie 60 cm. Nachts aber, wenn sie sich ausruht, rutscht sie wieder 20 cm zurück. Wann kommt die Schnecke oben an?

Lang und breit

12 Zwei quaderförmige Schachteln werden – wie in der Zeichnung angedeutet – aufeinander gestellt.
Wie groß ist die Oberfläche des entstehenden Körpers? Spielt es eine Rolle, wo man die zweite Schachtel hinsetzt (z. B. in die Ecke oder in die Mitte)?

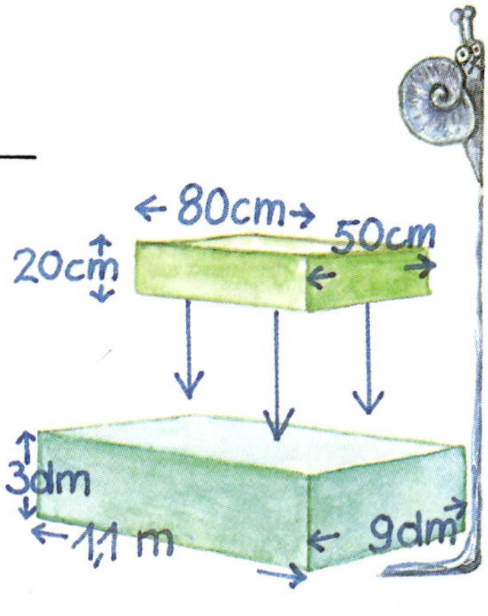

Knobeln mit Größen

Gewichtsprobleme

13 Von 21 vollkommen gleich aussehenden Kugeln ist eine schwerer als die anderen. Man darf mit einer Balkenwaage genau dreimal wiegen. Wie muss man vorgehen, um die schwerere Kugel zu finden?

Wieviel kg Kartoffeln befanden sich anfangs in den Säcken?

14 In fünf Säcken befindet sich jeweils genau die gleiche Menge Kartoffeln. Entnimmt man jedem Sack 6 kg, so bleiben in allen Säcken zusammen so viel Kartoffeln übrig, wie zuvor in zwei Säcken waren. Wie viel kg Kartoffeln befanden sich anfangs in den Säcken?

Verflixte Geschwindigkeit

15 Von vier Brunnen ist der erste imstande, ein Becken in einem Tag zu füllen, der zweite braucht dazu zwei Tage, der dritte drei und der vierte sechs. Wie lange brauchen alle Brunnen zusammen, wenn sie gemeinsam das Becken füllen?

Dieses Rätsel hat der griechische Mathematiker Heron, der in der zweiten Hälfte des ersten Jahrhunderts nach Christus lebte, erfunden. Allen, die es zu lösen versuchten, hat es Kopfzerbrechen bereitet.

Ein Hinweis: Überlege dir zuerst, wie viel Wasser die vier Brunnen zusammen an einem Tag in das Becken füllen.

Heron hat seine Aufgabe etwas anders gestellt. Bei ihm braucht der vierte Brunnen nur vier Tage. Kannst du das Problem auch mit diesen Angaben lösen?

Hast du die Aufgabe 15 gelöst, wird dir die nächste Aufgabe nicht schwer fallen. Sie stammt aus dem Rechenbuch von Johannes Widmann, das 1489 erschienen ist.

16 Ein Löwe, ein Wolf und ein Hund wollen zusammen 7 Schafe fressen. Für ein Schaf braucht der Löwe eine Stunde, der Wolf zwei Stunden und der Hund vier.
Wie lange sind die drei Raubtiere zusammen mit den sieben Schafen beschäftigt?

17 Mareike und Barbara wohnen in zwei Dörfern, die 30 km voneinander entfernt sind. Beide brechen mittags um 12 Uhr auf. Sie wollen sich auf dem Weg, der beide Dörfer verbindet, unterwegs treffen. Mareike schafft 6 km in der Stunde, Barbara bloß 4 km.

18 Ein Jäger kehrt mit seinem Hund von der Jagd zurück. Als sie noch 3 km von zu Hause entfernt sind, lässt der Jäger den Hund von der Leine los. Dieser rennt so schnell er kann nach Hause. Dort kehrt er sofort um und läuft zu seinem Herrchen zurück. Das wiederholt sich so lange, bis der Jäger zu Hause eintrifft. Der Jäger schafft in der Stunde 6 km, der Hund 30 km. Wie viel km legt der Hund zurück?

19 Ein 300 m langer Zug überquert eine 1 200 m lange Brücke in 90 s. Dabei wurde die Zeit von der Auffahrt der Lokomotive auf die Brücke bis zur Abfahrt des letzten Waggons von der Brücke gemessen. Wie schnell fährt der Zug?

Knobeln mit Größen

Auch in der nächsten Aufgabe spielt die Zeit eine Rolle. Diesmal in Form von Lebensjahren.

*20 Familie Krämer hat vier Kinder, die jeweils zwei Jahre auseinander sind. Vater Krämer ist doppelt so alt wie alle seine Kinder zusammen. Er ist zwanzigmal so alt wie sein jüngstes Kind. Mutter Krämer ist fünfzehnmal so alt wie ihr Jüngstes.
Kannst du das Alter aller Krämers ermitteln?

Finanzprobleme

21 Bezahle mit genau sechs Geldstücken:

a) 0,45 Euro b) 2,16 Euro c) 8 Euro.

22 Bernd kauft Joghurt ein. Zwei Sorten werden angeboten. Von der ersten kostet ein Becher 0,59 Euro, von der zweiten 0,69 Euro. Bernd hat 12 Euro im Geldbeutel.

a) Wie viele Becher kann er kaufen, wenn er von beiden Sorten gleich viel haben will?
b) Wie viele Becher kann er kaufen, wenn er von der teureren Sorte doppelt so viel Becher haben will wie von der billigeren?
c) Wie viel Geld behält er in beiden Fällen übrig?

23 Karl besitzt folgende Geldstücke: 5 Euro, 2 Euro, 1 Euro, 1 Euro, 50 Cent, 10 Cent, 10 Cent, 10 Cent, 5 Cent, 5 Cent, 5 Cent, 2 Cent, 2 Cent, 1 Cent. Er sagt zu Silvia: „Damit kann ich jeden Betrag bis 10 Euro, ohne zu wechseln, bezahlen!“ Stimmt das?

24

Franz geht im Urlaub in Frankreich einkaufen. Er erinnert sich an die Zeiten, als es noch unterschiedliche Währungen gab. Einmal suchte er Lebensmittel im Wert von 45 DM aus. Der Händler sagte zu ihm: „Gib mir einen 50- und einen 20-Mark-Schein, ich gebe dir 50 Francs sowie eine Flasche Wein im Wert von 18 Francs zurück.“ War das ein faires Angebot? (Drei französische Francs waren eine Deutsche Mark wert.)

25 Thomas und Karin vergleichen den Inhalt ihrer Sparbüchsen. Karin stellt fest: „Ich habe dreimal so viel wie du. Gebe ich dir aber 10 Euro ab, so haben wir genau gleich viel.“
Wie viel Geld hatten die Kinder in ihren Sparbüchsen? Es handelte sich um einen vollen Euro-Betrag.

Lösungen

Der Riese im Klassenzimmer

1 Die Hand des Riesen ist 1 m 20 cm = 120 cm lang, die von Hans nur 15 cm. Also muss man rechnen: 120 cm : 15 cm = 8.
Die Riesenhand ist 8-mal größer als die Kinderhand. Dann wird der Riese auch 8-mal größer sein als das Kind. Um jetzt weiterrechnen zu können, müssen wir die Körpergröße von Hans umrechnen:

$$1\,\text{m}\ 30\,\text{cm} = 130\,\text{cm}$$
$$8 \cdot 130\,\text{cm} = 1\,040\,\text{cm}$$

Der Riese ist 1 040 cm = 10,40 m groß. Genauso rechnest du bei den Füßen:

$$2\,\text{m} = 200\,\text{cm}$$
$$200\,\text{cm} : 25\,\text{cm} = 8.$$

Die Riesenfüße sind also auch genau 8-mal so groß wie die Kinderfüße. Katja hat bemerkt, dass der Riese gar nicht ins Klassenzimmer kommen könnte. Die Tür ist nämlich nur 2 m 20 cm hoch. Die Brille des Riesen wäre 8 · 11 cm = 88 cm breit; sein Gewicht betrüge 8 · 8 · 8 · 32 kg = 16 384 kg. Sein Alter lässt sich so natürlich nicht ausrechnen, denn wer 8-mal so groß ist, braucht noch lange nicht 8-mal so alt zu sein.

Um mit Größen rechnen zu können, muss man sie zuerst in die *gleiche* Maßeinheit umwandeln. – Eine Größe, geteilt durch eine Größe, ergibt eine Zahl; eine Größe, geteilt durch eine Zahl, liefert eine Größe. – Eine Größe, malgenommen mit einer Zahl, ergibt wieder eine Größe.

Das Rätsel des Euklid

2 Hier kommt man mit Probieren noch ziemlich schnell zum Ziel: Das Maultier trägt 7, der Esel 5 Säcke. Mithilfe von zwei Platzhaltern (x sei die Last des Maultiers, y die des Esels) kann man die Lösung rechnerisch ermitteln:

1) $x + 1 = 2 \cdot (y - 1)$
2) $x - 1 = y + 1 \quad \Rightarrow \quad x = y + 2$ in 1) einsetzen

$$(y+2)+1 = 2y - 2$$
$$y + 3 = 2y - 2$$
$$y = 5 \qquad x = 7$$

Lösungen

Ach, du liebe Zeit!

3 Du musst eine Zahl suchen, die ein Vielfaches von 1 (das ist natürlich jede Zahl), von 2, von 3 und von 4 ist. Eine solche findest du, indem du einfach alle vier miteinander multiplizierst:

$$1 \cdot 2 \cdot 3 \cdot 4 = 24$$

Aber es gibt noch eine kleinere Zahl, die gemeinsames Vielfaches ist – nämlich die 12. In 12 Wochen treffen sich die Kinder im Kino wieder.
Hier wird das **kleinste gemeinsame Vielfache** (kgV) gesucht. Es errechnet sich als Produkt der gemeinsamen Primfaktoren. Im Quadrat vorkommende Primfaktoren werden nur einfach gezählt. Im vorliegenden Fall ist das die 2.

4 Das ist nur um 12.00 Uhr und um 24.00 Uhr der Fall.

5 Der Sekundenzeiger läuft jede Minute einmal über den Minuten- und einmal über den Stundenzeiger. Also geschieht dies in einer Stunde genau 60-mal.
Der Minutenzeiger trifft den Stundenzeiger einmal in jeder Stunde. Also an einem ganzen Tag 24-mal.

Allerlei Längen

6 a) Um die wirkliche Dicke zu finden, musst du die Maßzahl durch die Zahl 800 teilen. Das ergibt wieder eine Größe.

$$4 \text{ cm} : 800 = 0{,}005 \text{ cm} = 0{,}05 \text{ mm}.$$

Der Faden ist tatsächlich 0,05 mm dick.
b) Hier musst du die Maßzahl mit 800 multiplizieren. Auch das liefert wieder eine Größe.

$$800 \cdot 0{,}07 \text{ mm} = 56 \text{ mm} = 5{,}6 \text{ cm}.$$

Das Pantoffeltierchen hat unter dem Mikroskop eine Größe von 5,6 cm.

7 Der Turm besteht aus 11 Münzen, 10 Lagen Samttuch und einer Lage Tischdecke. Du musst beachten, dass obendrauf kein Samttuch mehr liegt. Also ergibt sich für die Höhe:

Lösungen

$$11 \cdot 3\,mm + 10 \cdot 1{,}5\,mm + 2\,mm =$$
$$33\,mm + 15\,mm + 2\,mm =$$
$$50\,mm = 5\,cm.$$

8 Bei jedem Sprung holt der Hase 100 cm – 60 cm = 40 cm auf. Der Fuchs braucht für die 100 m, die er noch zu laufen hat,

$$10\,000\text{ cm} : 60\text{ cm} = 166{,}\overline{6}$$

Sprünge. Der Hase benötigt für die 200 m genau 200 Sätze. Also holt er den Fuchs auf der Rennstrecke gewiss nicht mehr ein. Der Vorsprung des Fuchses ist erst nach

$$10\,000\text{ cm} : 40\text{ cm} = 250$$

Sprüngen aufgeholt. Der Hase hat dann 250 m zurückgelegt, der Fuchs ist 150 m gelaufen. Aber dazu kommen ja noch die 100 m Vorsprung. Also sind sie nach 250 Sprüngen an der gleichen Stelle angekommen.

9 Die Pyramide hat vier Kanten, die 5 dm lang sind, und vier, die 4 dm lang sind. Das macht zusammen:

$$4 \cdot 5\text{ dm} + 4 \cdot 4\text{ dm} = 20\text{ dm} + 16\text{ dm} = 36\text{ dm}.$$

Man benötigt 36 dm = 3,6 m Draht für das Modell.

10 Die Schnur läuft einmal „längs“ und einmal „quer“ über das Paket. Dazu kommt der Knoten. Für die Längsrichtung braucht Beate $2 \cdot 32\text{ cm} + 2 \cdot 12{,}5\text{ cm} = 64\text{ cm} + 25\text{ cm} = 89\text{ cm}$ Schnur. (Schau dir die Zeichnung nochmals gut an.) Für die Querrichtung sind $2 \cdot 20\text{ cm} + 2 \cdot 12{,}5\text{ cm} = 40\text{ cm} + 25\text{ cm} = 65\text{ cm}$ erforderlich. Insgesamt macht das (vergiss den Knoten nicht):
89 cm + 65 cm + 8 cm = 162 cm = 1,62 m. Beate braucht 162 cm Schnur.

Lösungen

11 Die Mauer ist 2 m 2 dm = 220 cm hoch. Nach einem Tag und einer Nacht ist die Schnecke 60 cm – 20 cm = 40 cm nach oben gekommen. Also befindet sie sich am Morgen des fünften Tages, bevor sie losklettert, in der Höhe 4 · 40 cm = 160 cm. An diesem Tag klettert sie nochmals 60 cm nach oben, erreicht also genau am Abend des fünften Tages die Oberkante der Mauer. Dort oben setzt sie sich zur wohlverdienten Ruhe; herunterrutschen kann sie ja nun nicht mehr.

Lang und breit

12 Legt man die beiden Schachteln aufeinander, so verschwinden der Boden der oberen Schachtel und ein Teil des Deckels der unteren Schachtel. Die beiden Teile sind genau gleich groß. Rechne die Oberfläche der beiden Schachteln aus und ziehe den entsprechenden Betrag jeweils ab.
Der Boden der oberen Schachtel hat die Fläche 80 cm · 50 cm = 4 000 cm².

Die Oberfläche der kleinen Schachtel beträgt:

$$\begin{aligned} 2 \cdot 80\,\text{cm} \cdot 50\,\text{cm} &= 8\,000\,\text{cm}^2 \\ +2 \cdot 80\,\text{cm} \cdot 20\,\text{cm} &= 3\,200\,\text{cm}^2 \\ +2 \cdot 50\,\text{cm} \cdot 20\,\text{cm} &= 2\,000\,\text{cm}^2 \\ \hline &\ 13\,200\,\text{cm}^2 \end{aligned}$$

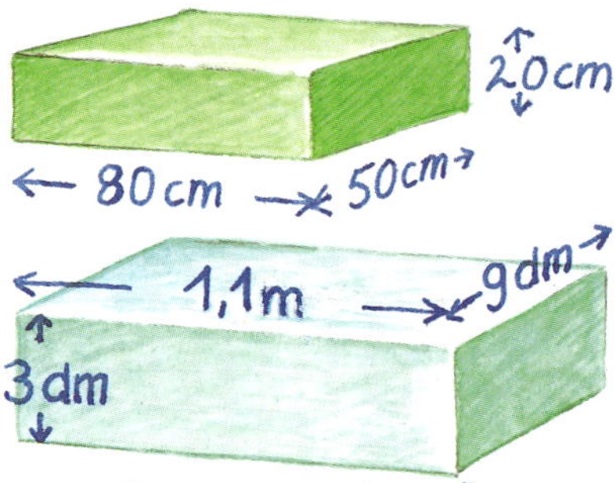

Die Oberfläche der großen Schachtel beträgt (hier wandeln wir zunächst einmal in dm um):

$$\begin{aligned} 2 \cdot 9\,\text{dm} \cdot 11\,\text{dm} &= 198\,\text{dm}^2 \\ +2 \cdot 3\,\text{dm} \cdot 11\,\text{dm} &= 66\,\text{dm}^2 \\ +2 \cdot 3\,\text{dm} \cdot 9\,\text{dm} &= 54\,\text{dm}^2 \\ \hline &\ 318\,\text{dm}^2 \end{aligned}$$

Lösungen

Verwandeln wir jetzt alle Angaben in cm^2, so können wir weiterrechnen. Die Gesamtoberfläche beider Schachteln zusammen beträgt:

$$31\,800\ cm^2 + 13\,200\ cm^2 = 45\,000\ cm^2.$$

Hiervon muss die verdeckte Fläche zweimal (!) abgezogen werden:

$$45\,000\ cm^2 - 2 \cdot 4\,000\ cm^2 = 45\,000\ cm^2 - 8\,000\ cm^2 = 37\,000\ cm^2.$$

Die gesuchte Oberfläche ist $37\,000\ cm^2 = 370\ dm^2$ groß.

Solange die kleinere Schachtel ganz auf dem Deckel der größeren liegt, spielt die Lage keine Rolle für die Oberfläche.

Multipliziert man zwei Längen in der gleichen Längeneinheit miteinander, so erhält man einen *Flächeninhalt* $1\ m \cdot 3\ m = 3\ m^2$.

Multipliziert man drei Längen mit der gleichen Längeneinheit miteinander, so erhält man einen *Rauminhalt* (Volumen): $12\ cm \cdot 10\ cm \cdot 7\ cm = 840\ cm^3$.

Multipliziert man eine Länge mit einem Flächeninhalt, wobei die Maßeinheiten zusammenpassen müssen, so erhält man wieder einen *Rauminhalt* (Volumen): $3\ dm \cdot 2\ dm^2 = 6\ dm^3$.

Gewichtsprobleme

13 Man teilt die 21 Kugeln in drei Gruppen zu jeweils sieben. Zwei Siebenergruppen wiegt man auf der Waage aus. Geht eine Waagschale nach unten, so muss dort die schwere Kugel liegen. Sind die Waagschalen im Gleichgewicht, so befindet sich die gesuchte Kugel unter den restlichen 7 Kugeln. Also muss man noch aus 7 Kugeln durch zwei weitere Wiegevorgänge die schwere Kugel herausfinden. Dazu nimmt man zweimal drei Kugeln und legt sie auf die Waage. Sind die Schalen im Gleichgewicht, so ist die übrig gebliebene siebte Kugel die gesuchte. Geht eine Schale nach unten, so liegt auf dieser die gesuchte Kugel. Man wiegt im dritten Durchgang zwei

dieser drei Kugeln gegeneinander aus. Sind diese gleich schwer, so ist

die schwerere Kugel.

14 Es werden $5 \cdot 6$ kg $= 30$ kg Kartoffeln entnommen. Das muss dem Inhalt von 3 Säcken entsprechen, denn was nach der Entnahme übrig blieb, war ja der ursprüngliche Inhalt von zwei Säcken. Also befanden sich 30 kg : 3 = 10 kg Kartoffeln in jedem Sack.

Verflixte Geschwindigkeit

15 Der erste Brunnen füllt in einem Tag das ganze Becken, der zweite füllt in einem Tag das halbe Becken, der dritte füllt ein Drittel und der vierte ein Sechstel. Zusammen füllen sie an einem Tag:

$$1+\frac{1}{2}+\frac{1}{3}+\frac{1}{6}=\frac{6+3+2+1}{6}=\frac{12}{6}=2.$$

An einem Tag füllen die vier Brunnen zusammen 2 Becken, also brauchen sie für das eine Becken einen halben Tag oder 12 Stunden. Mit Herons Zahlen wird das Ergebnis nicht so schön glatt:

$$1+\frac{1}{2}+\frac{1}{3}+\frac{1}{4}=\frac{12+6+4+3}{12}=\frac{25}{12}.$$

In einem Tag schaffen die vier Brunnen $\frac{25}{12}$ Becken (also 2 ganze und noch $\frac{1}{12}$ Becken). Für ein Becken benötigen sie dann $\frac{12}{25}$ Tage, das sind rund 11 h 30 min.

16 Der Löwe frisst in einer Stunde ein Schaf, der Wolf ein halbes und der Hund ein viertel Schaf. Zusammen macht das:

$$1+\frac{1}{2}+\frac{1}{4}=\frac{4+2+1}{4}=\frac{7}{4}.$$

In einer Stunde fressen sie zusammen $\frac{7}{4}$ Schafe. Also brauchen sie für 7 Schafe 4 Stunden, denn $4 \cdot \frac{7}{4} = 7$.

Lösungen

17 Mareike und Barbara treffen sich nach 3 Stunden, denn dann hat Mareike $3 \cdot 6$ km = 18 km, und Barbara $3 \cdot 4$ km = 12 km zurückgelegt. Es ist dann 15 Uhr.

18 Überlege, wie viel Zeit der Hund hat, um hin- und herzulaufen. Er hat genau eine halbe Stunde Zeit, denn so lange braucht der Jäger für die restlichen 3 km. In einer halben Stunde legt der Hund 15 km zurück.

19 Die Schwierigkeit besteht hier darin, dass die Zeitspanne zwischen Auffahrt der Lokomotive und Abfahrt des letzten Waggons gestoppt wird. Die Lokomotive ist, wenn der letzte Wagen von der Brücke rollt, dann schon 300 m von dieser entfernt. Also hat sie in

90 s 1 500 m zurückgelegt. In 60 s = 1 min schafft sie 1 000 m. In einer Stunde legt sie deshalb $60 \cdot 1\,000$ m = 60 000 m = 60 km zurück. Der Zug hat eine Geschwindigkeit von 60 km/h.

20 Wir nehmen A als Platzhalter für das Alter von Vater Krämer. Dann hat das Jüngste das Alter $\frac{1}{20}A$, das Zweitjüngste das Alter $\frac{1}{20}A+2$, das Drittjüngste ist $\frac{1}{20}A+4$ und das Älteste schließlich $\frac{1}{20}A+6$ Jahre alt. Zählt man alles zusammen und multipliziert das Ergebnis mit 2, erhält man das Alter von Vater Krämer, also A.

$$2 \cdot \left(\frac{1}{20}A + \frac{1}{20}A+2+\frac{1}{20}A+4+\frac{1}{20}A+6\right) = A$$

$$
\begin{aligned}
2 \cdot \left(\frac{4}{20} A + 12\right) &= A \quad \text{ausmultiplizieren} \\
\frac{4}{10} A + 24 &= A \\
24 &= A - \frac{4}{10} A \\
24 &= \frac{6}{10} A \\
\frac{10}{6} \cdot 24 &= A \\
40 &= A
\end{aligned}
$$

Vater Krämer ist 40 Jahre alt. Seine Kinder sind 2, 4, 6 und 8 Jahre alt, und Mutter Krämer ist 30 Jahre.

Finanzprobleme

21 a) Nimm drei 10-Cent-Stücke und drei 5-Cent-Stücke.
b) Nimm zwei Euromünzen, drei 5-Cent-Stücke und einen Cent.
c) Nimm zwei 2-Euromünzen und vier 1-Euromünzen.

22 a) Kauft Bernd von jeder Sorte einen Becher, so muss er 0,59 Euro + 0,69 Euro = 1,28 Euro bezahlen. Du musst nun herausfinden, wie oft dieser Betrag in 12 Euro hineinpasst. Es ist 9 · 1,28 Euro = 11,52 Euro. Also kann Bernd von jeder Sorte 9 Becher kaufen und behält 0,48 Euro = 48 Cents übrig.

Lösungen

b) Zwei Becher von der teuren und ein Becher von der billigen Sorte kosten zusammen 2 · 0,69 Euro + 0,59 Euro = 1,38 Euro + 0,59 Euro = 1,97 Euro.
Das geht 6-mal in 12 Euro, denn 6 · 1,97 Euro = 11,82 Euro. Bernd kann 12 Becher von der teuren Sorte und 6 von der billigen kaufen. Er behält dann nur 0,18 Euro = 18 Cents übrig.

23 Mithilfe eines 5-Cent-, zweier 2-Cent und eines 1-Cent-Stückes kann Karl jeden Betrag von einem bis neun Cent bezahlen. Nimmt er das 50-Cent-Stück, die drei 10-Cent-Stücke und die zwei 5-Cent-Stücke, so kann er jeden Zehner von 10 bis 90 Cent bezahlen. Genauso überlegt man für die Eurobeträge.

24 Die Lebensmittel sind 45 DM = 135 FF (FF war die Abkürzung für französische Francs) wert. Dazu erhält Franz 50 Francs Wechselgeld sowie eine Flasche Wein für 18 FF. Zusammen macht das 203 FF. Die 70 DM sind aber 210 FF wert, sodass Franz ein Minus von 7 FF macht.

25 Karin hat 30 Euro, Thomas 10 Euro. Mit Gleichungen und Platzhaltern geht das so (x bedeutet Karins Geld, y das von Thomas):

$$
\begin{array}{lrcll}
1) & 3y & = & x & \quad \text{1) in 2) einsetzen} \\
2) & \underline{y + 10} & \underline{=} & \underline{x - 10} & \\
 & y + 10 & = & 3y - 10 & \\
 & 10 & = & 2y - 10 & \\
 & 20 & = & 2y & \\
 & 10 & = & y & \quad 30 = x
\end{array}
$$

Scharfsinniges

Hier findest du Aufgaben, die mit logischem Denken bewältigt werden wollen. Oft nennt man sie deshalb auch Denksportaufgaben.

1 In Peters Klasse sind 25 Schüler. Die Schule wird von 366 Schülern besucht. Überlege, welche der folgenden Behauptungen von Peter wahr sind:
a) In meiner Klasse haben mit Sicherheit zwei Schüler im gleichen Monat Geburtstag.
b) In jedem Monat haben mit Sicherheit mindestens zwei Schüler aus meiner Klasse Geburtstag.
c) Wenigstens zwei Schüler aus meiner Schule haben am gleichen Tag Geburtstag.

* **2** Frau Grün, Herr Blau und Opa Rot treffen sich beim Einkauf im Bäckerladen. Jeder hat eine Einkaufstasche bei sich. Die Taschen sind grün, blau und rot. Keine Person trägt aber eine Tasche mit der Farbe ihres Namens. Die Person mit der blauen Tasche stellt dies verblüfft fest. „Tatsächlich", antwortet Frau Grün. Wer hat welche Tasche?

3 Diese Aufgabe, genannt „Die erschwerte Überfahrt", findet sich schon im Rechenbuch des Alkuin (732–804). Alkuin war Leiter der Hofschule Karls des Großen in Aachen und einer der bedeutendsten Gelehrten seiner Zeit: Am Ufer eines Flusses steht ein Mann mit einem Wolf, einem Kohlkopf und einer Ziege. Der Mann will seinen Besitz auf das andere Ufer bringen. Er hat nur einen kleinen Kahn zur Verfügung, sodass er immer nur einen Gegenstand mitnehmen kann. Zwei müssen am Ufer zurückbleiben.

Wie kann der Mann seine Güter unbeschädigt auf die andere Seite bringen? Du musst bedenken: Wölfe fressen Ziegen und Ziegen fressen Kohlköpfe, wenn man sie unbeaufsichtigt lässt!
In den beiden Geschichten, die nun folgen, musst du genau auf den Sinn gewisser Worte achten.

4 Hans, Werner und Andreas wollen auf den Schauinsland wandern. Nach mehrstündigem Fußmarsch sagt Hans plötzlich: „Bald sind wir am Ziel. Von hier aus sind es weniger als 7 km bis zum Gipfel.“ Werner widerspricht: „Du irrst. Es sind sicher noch mehr als 7 km.“ Auf dem Schauinsland angekommen, stellt Andreas verblüfft fest: „Ihr habt beide Unrecht gehabt!“
Wie weit war es noch bis zum Gipfel?

5 Luzie, Ina und Rainer fahren mit dem Zug nach Mannheim. Ina behauptet: „Es dauert höchstens noch 30 Minuten, bis wir in Mannheim ankommen.“ Rainer ist anderer Meinung: „Es ist noch weiter, als du denkst. Wir brauchen mindestens noch eine halbe Stunde.“ In Mannheim angekommen, schaut Luzie auf die Uhr. Sie stellt fest: „Ihr hättet nicht streiten müssen. Ihr habt beide Recht gehabt.“
Wie lange dauerte die Bahnfahrt noch?

6

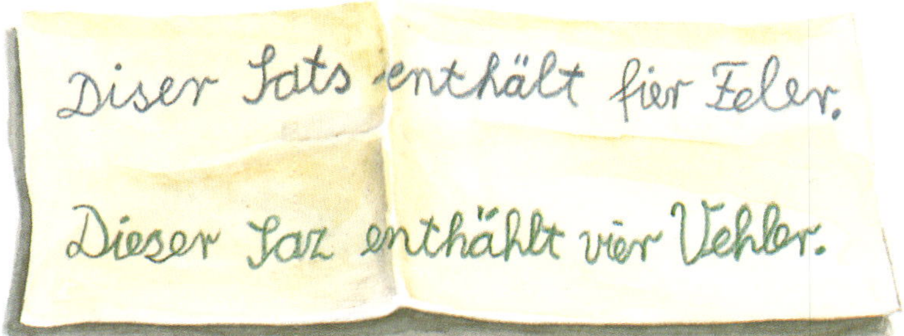

Sind die beiden Sätze wahr oder falsch?

7 Klaus, Silvia und Martin beteiligen sich an einer Tombola. Sie haben Glück: Jeder zieht einen Gewinn. Sie erhalten den ersten, den zweiten und den dritten Preis. Anderntags berichtet Franziska über dieses Ereignis: „Silvia hat nicht den ersten Preis gewonnen. Klaus gewann nicht den zweiten Preis, den hat nämlich Martin bekommen.“ Von den drei Aussagen Franziskas ist nur eine Einzige wahr. Die beiden anderen sind erlogen. Kannst du die Gewinne der einzelnen Kinder ermitteln?

Es ist verblüffend, dass das geht. Aber es ist keineswegs so schwer.

8 Ein Wanderer will von Hasenbach nach Gansburg. Unterwegs fragt er einen Ortskundigen nach dem Weg. Dieser antwortet: „Sie sind auf dem richtigen Weg. Bald erreichen Sie eine Kreuzung. Dort stehen drei Wegweiser, nämlich nach Hasenbach, nach Gansburg und nach Wolfsheim. Beachten Sie: In der letzten Hexennacht wurden zwei der drei Schilder miteinander vertauscht. Nur noch eins weist in die richtige Richtung.“
Wie gelang es unserem Wanderer, seinen Weg mithilfe dieser merkwürdigen Auskunft zu finden?

Logo!

Wie geht das bloß?

Die Aufgaben und Rätsel, die jetzt kommen, gehören zum Bereich der **Kombinatorik.** Typisch für dieses Teilgebiet der Mathematik sind Fragen wie „Wie oft geht das?“, „Wie viele entstehen?“, oder „Wie lässt sich das einrichten?“ Fangen wir mit einer leichteren Aufgabe an:

9

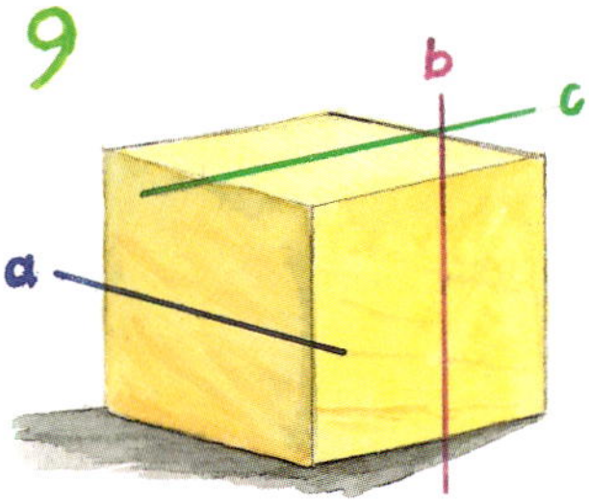

Ein Holzwürfel wird dreimal so durchgesägt, wie du es auf der Zeichnung siehst. Wie viele kleine Würfel entstehen so?

10 Ein DIN-A3-Bogen Papier wird dreimal (jeweils in der Mitte) gefaltet. Dann wird er mit einem Locher gelocht. Wie viele Löcher hat der Bogen, wenn man ihn wieder entfaltet?
Überlege dir zuerst, wie viele Lagen Papier übereinander liegen!

11 Wie viele sechsstellige Zahlen gibt es, in denen die Ziffernfolge 1987 in dieser Reihenfolge und ohne dazwischengeschobene Ziffern auftritt. Suche eine Reihenfolge, in der du die verschiedenen Möglichkeiten ordnen kannst. Nur so kann man sicher sein, dass man nichts übersieht.

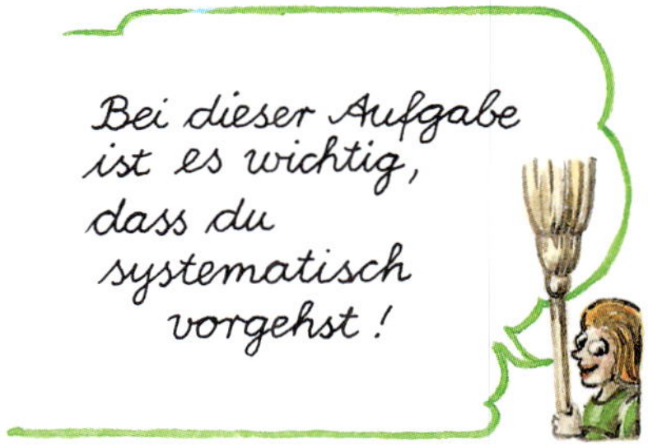

12 Ein Autohersteller bietet ein Modell mit fünf verschiedenen Motoren, drei unterschiedlichen Fahrwerken und vier Innenausstattungen an. Alle Kombinationen sind lieferbar. Wie viele sind es insgesamt?

13 Die Schüler haben Hausmeister Wachsam einen Streich gespielt. Sie haben die bunten Gummiringe an seinen Schlüsseln entfernt. Nun weiß Herr Wachsam nicht mehr, welcher Schlüssel zu welchem Raum gehört. Es gibt insgesamt 10 Räume in seiner Schule und deshalb besitzt er 10 Schlüssel. Jeder Schlüssel passt nur in ein Schloss. Wie oft muss der Hausmeister im ungünstigsten Fall probieren, bis er weiß, wohin jeder Schlüssel gehört? Wie geht er am zweckmäßigsten vor?

14 10 Schachspieler wollen ein Turnier austragen. Jeder soll gegen jeden zwei Partien austragen. Wie viele Runden dauert das Turnier? Wie viele Partien sind insgesamt zu spielen?

15 Zwei Schachmannschaften zu je 6 Spielern wollen einen Wettkampf veranstalten. Dabei soll jeder Spieler der einen Mannschaft gegen jeden der anderen viermal spielen. Wie viele Partien werden ausgetragen?

16 Zur Klassenkonferenz der 7d erscheinen die Klassenlehrerin sowie 12 Fachlehrer. Wie es sich bei uns gehört, begrüßt man sich durch Handschlag.
Wie viele Hände muss die Klassenlehrerin schütteln?
Wie viele Handschläge gibt es insgesamt?

17

Die Mutter hat im Keller Strümpfe zum Trocknen aufgehängt. Es hängen dort 2 Paar blaue, 3 Paare rote und 4 Paar Tennissocken. Karin braucht ein Paar Strümpfe. Sie schaltet das Licht im Keller nicht ein. Wie viele Strümpfe muss sie abhängen, damit sie sicher sein kann, zwei Strümpfe gleicher Farbe zu erwischen? Faul, wie Karin anscheinend ist, möchte sie möglichst wenige Strümpfe abhängen.
Wie viele Strümpfe muss Karin abnehmen, um sicher zu sein, ein Paar Tennissocken zu erwischen?

18 In die abgebildete Schachtel sollen 10 Negerküsse verpackt werden. Dies soll so geschehen, dass immer nur zwei in einer Reihe (senkrecht und waagerecht) zu liegen kommen. Gib eine Lösung an.

* **19** Die Klasse 8 c hat ihre Bänke zusammengerückt, im Klassenzimmer stehen jetzt 8 Reihen zu je 3 Bänken. Lehrer Gotthelf möchte die 24 Schüler der Klasse in der Mathearbeit so setzen, dass zwischen je zwei Schülern ein Platz frei bleibt. Wie viele Möglichkeiten bestehen hierzu?

Tücken der Wahrscheinlichkeit

20 Martina und Gerhard würfeln mit zwei Würfeln, einem roten und einem blauen. Martina gewinnt, wenn sie einen Pasch würfelt. Gerhard gewinnt, wenn er die Summe 7 würfelt.
Wer hat wohl die besseren Aussichten?

21 Wie groß ist die Wahrscheinlichkeit, dass eine willkürlich hingeschriebene dreistellige Zahl a) gerade ist; b) mit 9 beginnt; c) mit 9 endet; d) 111 ist; e) drei gleiche Ziffern hat; f) drei ungleiche Ziffern hat?

22 Beim Würfeln mit drei Würfeln hast du gerade einen Sechserpasch (6, 6, 6) geworfen. Wie groß ist die Wahrscheinlichkeit, dass dieses Ergebnis beim nächsten Wurf noch einmal auftritt? Wie groß ist die Wahrscheinlichkeit, dass das Ereignis Sechserpasch zweimal hintereinander auftritt?

* **23** Ein Roulettespieler sagt: „Jetzt ist schon zehnmal hintereinander die Kugel auf ‚rot' gefallen. Sicherlich wird sie beim nächsten Wurf auf ‚schwarz' fallen. Also setze ich 1000 Euro auf ‚schwarz'!"
Handelt dieser Roulettespieler vernünftig?
Die nächste Aufgabe war schon im ausgehenden Mittelalter unter dem Namen „Aufgabe des Luca" (nach dem italienischen Mathematiker Luca Pacioli, 1445–1510) bekannt und heftig diskutiert.

* **24** Zwei Freunde – Hermann und Ruprecht – vereinbaren einen Wettkampf im Würfeln. Wer zuerst drei Spiele gewonnen hat, ist Gesamtsieger und erhält den Einsatz von sechs Tafeln Schokolade. Nach drei Spielen steht es 2:1 für Ruprecht. Widrige Umstände erzwingen plötzlich den Abbruch des Wettkampfes. Die Freunde möchten den Einsatz gerecht aufteilen. Wie sollen sie vorgehen? Erhält Ruprecht den ganzen Einsatz oder zwei Drittel oder die Hälfte? Oder gibt es eine Lösung?

Gewusst, wie!

25 Wie kann man mit nur sechs Streichhölzern vier Dreiecke bilden?

26 Stelle die folgende Rechnung durch Verlegen eines Streichholzes richtig:

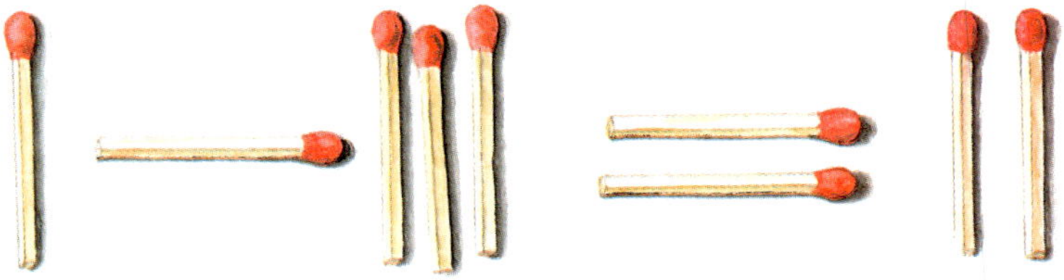

27 Verlege vier Streichhölzer, sodass drei Quadrate entstehen. Natürlich darf kein Hölzchen übrig bleiben.

28

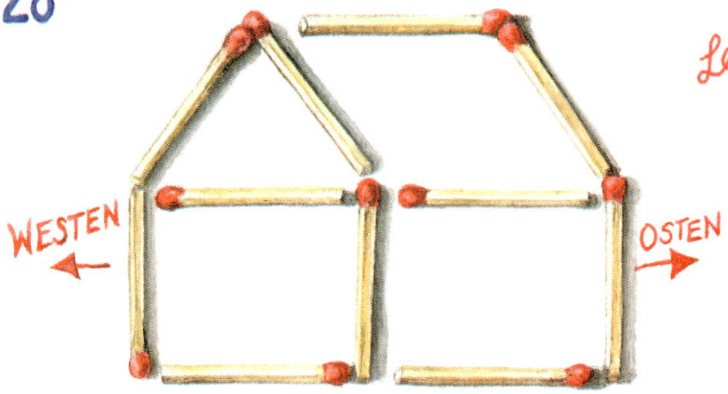

Lege ein Hölzchen um, und das Haus schaut nach Osten!

Lösungen

Scharfsinniges

1 Ein Jahr hat bekanntlich zwölf Monate. Wären die Geburtstage alle gleichmäßig verteilt, hätten in jedem Monat 2 Mitschüler von Peter Geburtstag und in einem Monat sogar drei. Die am wenigsten gleichmäßige Verteilung wäre erreicht, wenn alle in einem Monat geboren wären (ein Riesenzufall!). Daraus erkennst du: Die Aussage a) ist wahr, die Aussage b) ist falsch. Peter könnte b) nur im Sinne von „es ist nicht ausgeschlossen, dass" behaupten. Auch Aussage c) stimmt nicht, denn ein Schüler könnte am 29. Februar eines Schaltjahres geboren worden sein.

Lässt man diese Möglichkeit außer Acht, so hätte allerdings Peter Recht.

2 Die Person mit der blauen Tasche kann sicher nicht Herr Blau sein. Also muss entweder Frau Grün die blaue Tasche tragen oder Opa Rot. Da Frau Grün auf die Aussage der Person mit der blauen Tasche *antwortet,* kann die fragliche Person sicher nicht Frau Grün selbst sein (normalerweise führt man keine Selbstgespräche). Also muss diese Person Opa Rot gewesen sein. Damit ist die Lösung klar.

Opa Rot hat die blaue Tasche, Frau Grün die rote und Herr Blau die grüne.

Beim Problem der „erschwerten Überfahrt" muss man ein bisschen rumprobieren. Auch ist es wichtig, sich die Lösung übersichtlich aufzuschreiben:

3 Wir verwenden folgende Abkürzungen: M für Mann, Z für Ziege, K für Kohlkopf und W für Wolf.
Bei der ersten Fahrt hat der Mann keine große Auswahl. Er kann nur die Ziege mitnehmen. Den Wolf und den für diesen uninteressanten Kohlkopf lässt er zurück. Nachdem er die Ziege abgeladen hat, kehrt er mit leerem Boot zurück. Jetzt lädt er den Wolf ein und bringt ihn ans andere Ufer. Dort befinden sich nun der Mann, der Wolf und die Ziege. Will der Mann Unheil vermeiden, so muss er die Ziege wieder mitnehmen. Zurück am anderen Ufer, tauscht er Ziege und Kohlkopf gegeneinander aus. Er lädt den Kohlkopf auf der anderen Seite aus und kehrt mit leerem Schiff zurück. Zuletzt lädt er die Ziege wieder ein und landet mit ihr wohlbehalten am anderen Ufer.

Lösungen

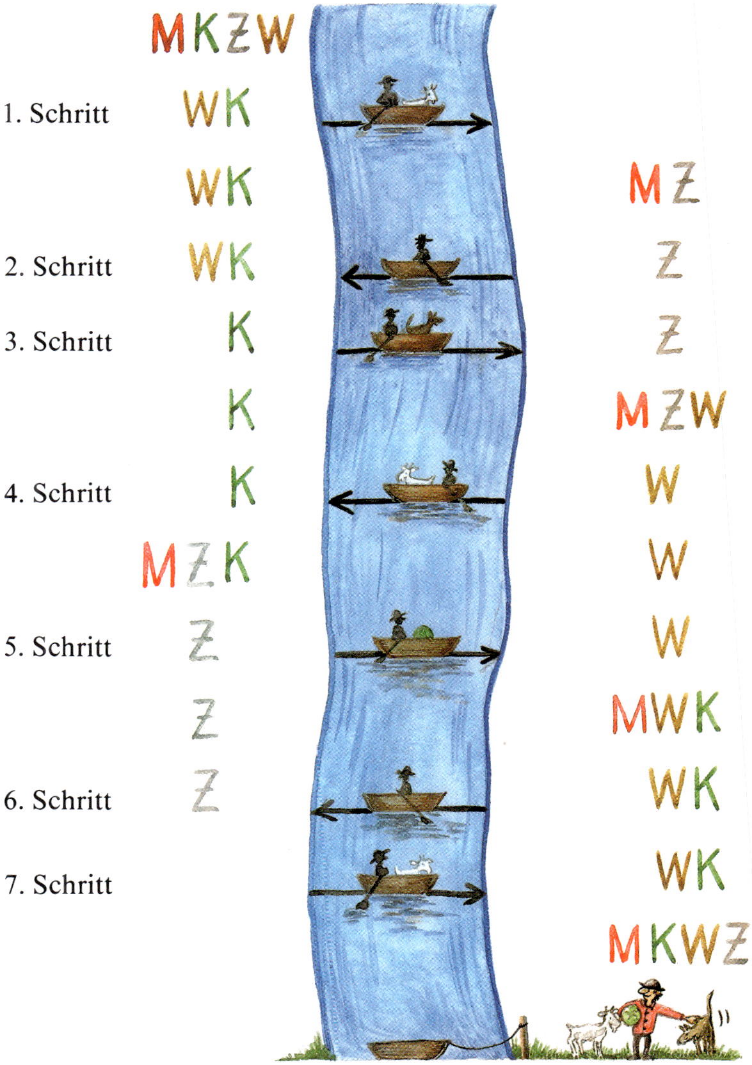

Du kannst leicht noch eine andere Möglichkeit für unseren Schiffer finden. Dazu musst du den 3. Schritt abändern.

Bei den Aufgaben 4 und 5 kommt es auf die Wörter „weniger", „mehr", „höchstens" und „mindestens" an. „Er hat weniger als 5 Euro" bedeutet so viel wie „Er hat höchstens 4,99 Euro". Bei weniger

ist die Grenze nicht eingeschlossen, bei höchstens ist sie es. Die erste Beziehung drückt man in der Mathematik durch das Kleinerzeichen „$<$“, die zweite durch das Kleiner-/Gleichzeichen „$\leq$“ aus. Ganz entsprechend gibt es das Größerzeichen „$>$“ für „mehr als“ und das Größer-/Gleichzeichen „$\geq$“ für „mindestens“.

4 Die Behauptung von Hans war falsch. Also waren es vom Standort aus noch 7 km oder mehr bis zum Schauinsland. Aber auch Werners Aussage war falsch. Demnach müssten es bis zum Gipfel 7 km oder weniger gewesen sein.
Waren beide Aussagen zugleich falsch, so können es vom Standpunkt aus nur genau 7 km gewesen sein.

Die Verneinung von „kleiner“ ist „größer/gleich“; die Verneinung von „größer“ ist „kleiner/gleich“.

5 Ina behauptet: „Wir werden in 30 Minuten oder früher in Mannheim sein.“ Etwas mathematischer heißt das: Die Fahrzeit wird kleiner/gleich 30 Minuten betragen. Dagegen meint Rainer: „Die Fahrzeit wird größer/gleich einer halben Stunde (sprich: 30 Minuten) sein.“ Wenn beide Recht haben, kann die Fahrzeit nur genau 30 Minuten gewesen sein. Denn diese Aussage ist die Einzige, die mit den Behauptungen von Ina und Rainer verträglich ist.

Ist $a \geq b$ und $b \geq a$, so gilt: $a = b$ (a, b sind Platzhalter für Zahlen).

6 Der erste Satz ist wahr, denn er enthält vier Rechtschreibfehler. Der zweite Satz ist ebenfalls wahr, denn er enthält drei Rechtschreibfehler und eine falsche Behauptung (nämlich, dass er vier Fehler enthalten würde).
Bei der nächsten Aufgabe kommt es darauf an, die Folgen aus einer Annahme genau zu studieren.

Lösungen

7 Wir haben drei Aussagen:
„Silvia hat nicht den ersten Preis gewonnen.“
„Klaus gewann nicht den zweiten Preis.“
„Martin hat den zweiten Preis gewonnen.“
Du weißt: Nur einer dieser drei Sätze ist wahr. Angenommen, der erste Satz wäre wahr. Dann müssten die beiden anderen Sätze falsch sein. Die entsprechenden wahren Sätze wären dann: „Klaus gewann den zweiten Preis“ und „Martin hat nicht den zweiten Preis gewonnen“. Da Silvia den ersten Preis nicht erhalten haben soll und der zweite an Klaus gehen soll, bleibt für sie nur der dritte übrig. Martin erhält den ersten Preis. Die Annahme ist also vernünftig und führt auf folgende Preisverteilung: 1. Preis: Martin, 2. Preis: Klaus, 3. Preis: Silvia.
Dagegen führen die beiden anderen Annahmen zu Widersprüchen und sind deshalb unzulässig. Das siehst du so ein:
Angenommen, „Klaus gewann nicht den zweiten Preis“ ist wahr und die beiden anderen Aussagen sind falsch. Die entsprechenden wahren Behauptungen lauten dann aber: „Silvia hat den ersten Preis gewonnen“ (was durchaus möglich ist), und „Martin hat den zweiten Preis nicht bekommen“ (was auch möglich ist). Nimmt man aber alle drei Aussagen zusammen, so stellt man fest, dass es überhaupt keinen zweiten Preisträger gibt: Silvia bekommt den ersten Preis, während Martin und Klaus beide nicht den zweiten bekommen. Das widerspricht der Aufgabenstellung!
Wäre die Aussage „Martin hat den zweiten Preis gewonnen“ wahr, so müssten wieder die beiden anderen falsch sein. Also würden die wahren Behauptungen lauten: „Silvia gewann den ersten Preis“ und „Klaus gewann den zweiten Preis“. Ähnlich wie oben, gäbe es keinen dritten Preisträger, wohl aber zwei zweite.

8 Unser Wanderer kommt aus Hasenbach. Gelangt er an die Kreuzung, so weiß er deshalb, welcher Weg aus Hasenbach kommt. Zeigt der Wegweiser nach Hasenbach „Hasenbach 5 km“ in die richtige Richtung, so müssen die beiden anderen Wegweiser miteinander vertauscht worden sein. Das hat ja der Fremde gesagt. Der Wanderer geht in Richtung „Wolfsheim 2 km“ und kommt schließlich in Gansburg an.
Der andere Fall ist vielleicht etwas schwieriger. Angenommen, der Wegweiser „Gansburg 6 km“ zeigt in Richtung Hasenbach (also dahin, wo unser Wanderer herkommt). Dann weiß der Reisende, dass

die Wegweiser „Gansburg 6 km“ und „Hasenbach 5 km“ miteinander vertauscht worden sind. Also muss er Richtung „Hasenbach 5 km“ laufen, um in Gansburg anzugelangen.
Zeigt aber „Wolfsheim 2 km“ nach Hasenbach, so sind die Wegweiser „Hasenbach 5 km“ und „Wolfsheim 2 km“ miteinander vertauscht. Das Schild „Gansburg 6 km“ weist nach wie vor in die richtige Richtung. Also muss der Wanderer diesem folgen.

Wie geht das bloß?

9

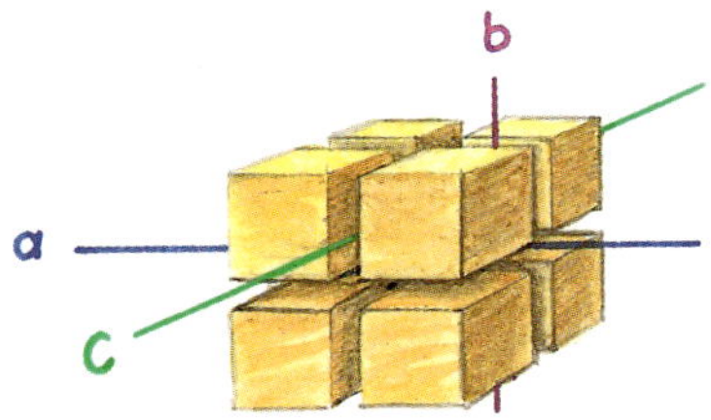

Es entstehen genau 8 Würfelchen!

10 Es liegen 8 Lagen Papier übereinander. Jede Lage bekommt zwei Löcher. Also gibt es insgesamt 16 Löcher.

11 Der Viererblock 1987 kann sich in der sechsstelligen Zahl an den folgenden Stellen befinden:

a) 1987** (ganz vorne)	b) **1987 (ganz hinten)	c) *1987* (in der Mitte)

a) Für die beiden Platzhalter ** dürfen wir je eine Ziffer zwischen 0 und 9 einsetzen. Also haben wir 10 Möglichkeiten, den einen Platzhalter durch eine Ziffer zu ersetzen, und 10 Möglichkeiten, den anderen Platzhalter durch eine Ziffer zu ersetzen. Die Anzahl der Möglichkeiten, beide Stellen zu besetzen, ist gleich dem Produkt der beiden Anzahlen. Denn was du an die letzte Stelle schreibst, ist völlig unabhängig davon, was du an die vorletzte schreibst. Hast du an die vorletzte Stelle eine Ziffer gesetzt, so hast du 10 Möglichkeiten, die letzte zu besetzen.

z. B. 1987 51	1987 56	Also haben wir 100 Möglichkeiten, ** in der ersten Zahl durch Ziffern zu ersetzen.
2	7	
3	8	
4	9	
5	0	

b) Nun ist Vorsicht geboten. Nimmst du die Ausgangsposition **1987, so darfst du für den ersten * keine 0 einsetzen. Das wäre nämlich keine sechsziffrige Zahl mehr. Damit entfallen gegenüber a) alle Möglichkeiten, die mit 0 beginnen und in denen eine beliebige Ziffer folgt. Das sind 10 Stück (01, 02, 03, 04, 05, 06, 07, 08, 09, 00).
c) Auch bei der Ausgangsposition *1987* dürfen wir keine 0 für den ersten * setzen. Hier entfällt gegenüber a) nur eine Möglichkeit, da ja die 1 an der zweiten Stelle vorgeschrieben ist. Insgesamt müssen wir somit 11 Möglichkeiten abziehen.
Es verbleiben $300 - 11 = 289$ Möglichkeiten.

12 Wenn alle Kombinationen lieferbar sind, gibt es insgesamt $5 \cdot 3 \cdot 4 = 60$ Ausführungen zu kaufen. Anders gesagt: Motor, Fahrwerk und Innenausstattung sind voneinander unabhängig. Das ist natürlich unrealistisch.

Ein Beispiel:

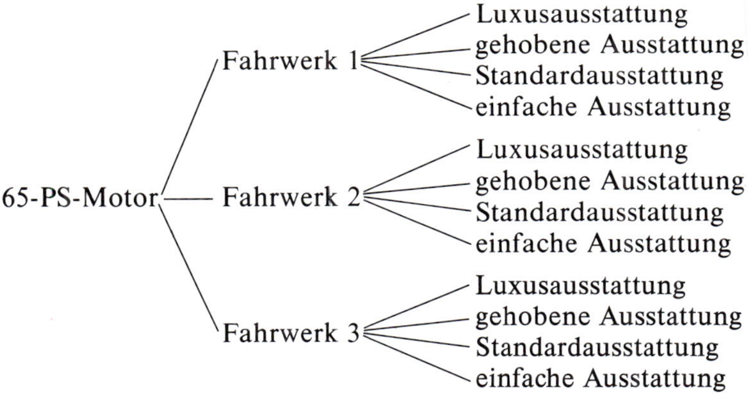

Zu jedem der fünf Motortypen gibt es diese zwölf Möglichkeiten.

13 Hausmeister Wachsam geht systematisch vor. Er probiert der Reihe nach 9 seiner 10 Schlüssel an der ersten Tür. Passt keiner von diesen 9 (das ist der ungünstigste Fall), so muss der 10. der richtige sein. Das muss er nicht mehr ausprobieren. Also macht er an der ersten Tür höchstens neun Versuche. An der zweiten Tür sind es dann noch acht, an der dritten sieben. Schließlich hat er, wenn er vor der neunten Tür steht, noch zwei Schlüssel in der Hand, deren Bestimmung er nicht kennt. Mit einem Versuch findet er heraus, welcher

Schlüssel in die neunte Tür passt. Der übrig gebliebene muss zur zehnten Tür gehören. Insgesamt macht er im ungünstigsten Fall

$$9+8+7+6+5+4+3+2+1 = 45 \text{ Versuche.}$$

1. Tür 2. Tür ... 8. Tür 9. Tür

Das kannst du übrigens auch wie der kleine Gauß ausrechnen (schau auf den Seiten 24–26 nach).

14 Hier musst du vor allem eines bedenken: Man spielt nicht gegen sich selbst. Zumindest nicht bei einem Schachturnier. Jeder Spieler muss gegen 9 Gegner antreten. Da zwei Partien gespielt werden sollen, hat jeder Teilnehmer 18 Spiele zu erledigen. Also gibt es 18 Runden. Weil 10 Spieler teilnehmen, werden zusammen $10 \cdot 18 = 180$ Partien gespielt. Aber hierbei ist jede Partie doppelt gezählt worden. Deshalb ist die richtige Zahl $180:2 = 90$ Partien.
Das kannst du dir auch anders klarmachen: In einer Runde werden 5 Partien gleichzeitig gespielt (je zwei Spieler ergeben eine Partie). Also werden in 18 Runden $18 \cdot 5 = 90$ Partien gespielt.

15 Jeder Spieler der ersten Mannschaft soll gegen alle Spieler der zweiten Mannschaft spielen. Das macht sechs Partien. Weil er aber viermal gegen denselben Gegner antreten soll, hat er $6 \cdot 4 = 24$ Spiele zu bestreiten. Da die erste Mannschaft ebenfalls 6 Spieler hat, gibt es insgesamt $6 \cdot 24 = 144$ Spiele in 24 Runden.
Beachte den Unterschied zwischen Aufgabe 14 und 15. Weil in Aufgabe 15 zwei Mannschaften vorausgesetzt sind, entsteht gar nicht das Problem, gegen sich selbst spielen zu müssen.

16 Ebenso wenig, wie man gegen sich selbst spielen kann, vermag man sich selbst die Hand zu schütteln. Also liegt eine Aufgabe von der Art der Nummer 14 vor. Versuche doch einmal, selbst eine Aufgabe über Händeschütteln entsprechend Nummer 15 zu erfinden!
Die Klassenlehrerin muss 12 Hände schütteln. Insgesamt werden $13 \cdot 12 = 156$ Hände geschüttelt. Aber hierbei ist wieder jeder Händedruck doppelt gerechnet. Die richtige Antwort lautet: $156:2 = 78$.
Eine dieser entsprechende Aufgabe könnte so aussehen:
Endlich haben sich die Römer entschlossen, mit dem bekannten Keltendorf Frieden zu schließen. Beide Kriegspartner entsenden eine sechsköpfige Delegation zu den Friedensverhandlungen. Alle Unterhändler begrüßen sich mit Handschlag ... (es gibt 36 Handschläge).

Lösungen

17 Karin muss 4 Strümpfe holen. Hat sie drei abgehängt und sind diese verschiedenfarbig, so ist einer blau, einer rot und einer weiß. Der vierte Strumpf muss aber eine dieser Farben haben!
Es gibt insgesamt 5 Paare, die keine Tennissocken sind. Im ungünstigen Falle könnte Karin 10 Strümpfe abhängen, ohne eine Tennissocke zu erwischen. Bei 12 Strümpfen ist garantiert ein Paar Tennissocken dabei.

18 Eine Lösung sieht so aus:

Diese Lösung hat zusätzlich noch die Eigenschaft, dass auch in keiner Diagonalen mehr als zwei Negerküsse liegen.

19 In einer Bankreihe mit drei Bänken gibt es nur zwei Möglichkeiten, die Schüler so zu setzen, wie Gotthelf das wünscht.

Die Sitzanordnungen in den anderen Bänken ist unabhängig von der Anordnung in der ersten Bank. Man muss also das Produkt aus allen Möglichkeiten bilden:

$$\underbrace{2 \cdot 2 \cdot 2 \cdot 2 \cdot 2 \cdot 2 \cdot 2 \cdot 2 = 2^8}_{\text{achtmal}} = 256.$$

Es gibt 256 Möglichkeiten für Lehrer Gotthelf.
Etwas anderes wäre es, wenn der Lehrer die Schüler „versetzt" oder immer genau hintereinander platzieren wollte.

In beiden Fällen beeinflusst die Sitzordnung der ersten Reihe die der zweiten, die Sitzordnung der zweiten die der dritten usw. Hier ist es sogar so, dass mit der Anordnung der Schüler in der ersten Reihe bereits alles andere festgelegt ist. Schau dir nochmals die obige Skizze an! Also gibt es in den jetzt betrachteten Fällen genauso viele Möglichkeiten insgesamt, wie man Möglichkeiten hat, die Schüler in der ersten Bankreihe zu setzen. Das sind genau 2 Möglichkeiten.
Ein gewaltiger Unterschied – nicht wahr?

Tücken der Wahrscheinlichkeit

Die nächste Aufgabe gehört zum großen Bereich der Wahrscheinlichkeitsrechnung. Wir könnten nämlich auch so fragen: „Wer hat die größere Wahrscheinlichkeit zu gewinnen?“ Wir müssen zuerst die Gewinnmöglichkeiten für beide Spieler ermitteln (das nennt man „günstige Ergebnisse“):

20 Martina gewinnt in den folgenden Fällen:

1,1; 2,2; 3,3; 4,4; 5,5 und 6,6.

Das sind 6 Möglichkeiten.
Gerhard dagegen gewinnt, wenn eines der folgenden Ergebnisse eintritt:

6,1; 5,2; 4,3; 3,4; 2,5 und 1,6.

Dabei nutzen wir aus, dass man die beiden Würfel unterscheiden kann. Also gewinnt Gerhard auch in 6 Fällen. Beide haben somit die gleichen Chancen; der Wettkampf ist also fair.
Insgesamt gibt es 36 mögliche Ergebnisse bei diesem Spiel. Die Gewinnwahrscheinlichkeit ist für beide Spieler $\frac{6}{36} = \frac{1}{6}$.

Wahrscheinlichkeit $= \dfrac{\textbf{Anzahl der günstigen Ergebnisse}}{\textbf{Anzahl aller möglichen Ergebnisse}}$

Für die folgende Aufgabe nehmen wir an, dass das Hinschreiben der drei Ziffern völlig unabhängig voneinander geschieht. In Wirklichkeit ist das beim Menschen wohl nicht so, aber ein Computer könnte unsere Vorstellungen schon ziemlich gut verwirklichen.

Lösungen

21 a) Hier ist die Wahrscheinlichkeit genau $\frac{1}{2}$: Die letzte Ziffer muss 0, 2, 4, 6 oder 8 sein. Das ist gerade die Hälfte aller möglichen Ziffern.

b) Hier ist die Wahrscheinlichkeit $\frac{1}{9}$: An die erste Stelle darf nämlich keine 0 geschrieben werden (das würde nur eine höchstens zweistellige Zahl ergeben). Also kommen für die erste Ziffer nur 1, 2 bis 9 infrage.

c) Am Schluss der Zahl darf sehr wohl eine 0 stehen. Es kommen für diese Stelle also wieder sämtliche 10 Ziffern infrage. Die Wahrscheinlichkeit ist $\frac{1}{10}$.

d) Wie einleitend bemerkt, nehmen wir an, dass alle Ziffern unabhängig voneinander sind. Also ist die Gesamtwahrscheinlichkeit gleich dem Produkt der Einzelwahrscheinlichkeiten:

$$\frac{1}{9} \cdot \frac{1}{10} \cdot \frac{1}{10} = \frac{1}{900}.$$

Zu diesem Ergebnis kannst du auch so gelangen: Es gibt genau 900 dreiziffrige Zahlen (nämlich die Zahlen zwischen 100 und 999). Das sind alle möglichen Ergebnisse. Das einzige günstige Ergebnis ist die Zahl 111. Also ist die Wahrscheinlichkeit $\frac{1}{900}$. Um dir diesen Vorgang anschaulich zu machen, kannst du dir eine Urne vorstellen, in der 900 Lose liegen. Auf jedem Los steht eine dreiziffrige Zahl. Jede Zahl steht nur auf genau einem Los. Gefragt ist: „Wie groß ist die Wahrscheinlichkeit, 111 zu ziehen?“

e) Nach der letzten Überlegung ist das ganz einfach: Es gibt genau 9 dreiziffrige Zahlen von der gewünschten Art. Also ist die Wahrscheinlichkeit:

$$\frac{9}{900} = \frac{1}{100}.$$

f) Jetzt wird es etwas schwieriger, denn die Wahl der drei Ziffern ist ja nicht mehr ganz unabhängig voneinander. Hat man sich bei der ersten festgelegt – hier hat man 9 Möglichkeiten –, so fällt bei der zweiten Ziffer eine Möglichkeit weg. Allerdings kommt gegenüber der ersten die 0 als neue Möglichkeit hinzu. Also hat man auch bei der

zweiten Ziffer 9 Möglichkeiten. Bei der dritten geht wieder eine verloren. Es kommt auch keine mehr hinzu – also hat man hier nur 8 Möglichkeiten. Zusammen ergibt das

$$9 \cdot 9 \cdot 8 = 648 \text{ Möglichkeiten.}$$

648 der 900 dreiziffrigen Zahlen haben drei verschiedene Ziffern. Die Wahrscheinlichkeit, eine solche Zahl zu erwischen, ist demnach

$$\frac{648}{900} \approx \frac{13}{18}.$$

Wir haben auch herausgefunden: 252 der 900 dreiziffrigen Zahlen haben Ziffern, die mehrfach auftreten.

22 Die Wahrscheinlichkeit, jetzt sofort wieder einen Sechserpasch zu werfen, ist genauso hoch wie zuvor. Der Würfel hat ja kein Gedächtnis. Die beiden Ereignisse beeinflussen sich nicht gegenseitig. Die Wahrscheinlichkeit für einen Sechserpasch ist übrigens

$$\frac{1}{6} \cdot \frac{1}{6} \cdot \frac{1}{6} = \frac{1}{216}.$$

Die Wahrscheinlichkeit, dass zwei Sechserpasche hintereinander fallen ist

$$\frac{1}{216} \cdot \frac{1}{216} = \frac{1}{46\,656}.$$

Diese ist also sehr gering.

23 Sicher sein kann man natürlich nicht – da hat unser Roulettespieler gewiss Unrecht. Die Wahrscheinlichkeit, dass beim nächsten Wurf Schwarz fällt, ist wie immer – auch die Roulettekugel hat kein Gedächtnis. Sie beträgt $\frac{18}{37}$. Es besteht kein Unterschied prinzipieller Art zu Aufgabe 22.

24 Hier ist wichtig zu überlegen, was „gerecht“ heißen soll. Das müsste doch bedeuten: Entsprechend den Gewinnchancen in der eingetretenen Situation (also beim Stand von 2:1 für Ruprecht). Führen wir das Spiel deshalb weiter. Beim nächsten Wurf hat jeder die Möglichkeit zu gewinnen – und zwar mit der Wahrscheinlichkeit $\frac{1}{2}$. Für Ruprecht würde das aber den Gesamtsieg bedeuten. Er käme nämlich auf die erforderlichen 3 Siege. Angenommen, Hermann würde gewinnen. Dann stände es 2 : 2. Die Wahrscheinlichkeit, dass Hermann beim nächsten Spiel nochmals gewinnt, ist $\frac{1}{2} \cdot \frac{1}{2} = \frac{1}{4}$. Das ist auch seine Chance für einen Gesamtsieg. Der Rest, also $\frac{3}{4}$, geht an Ruprecht. Also wäre der Einsatz im Verhältnis $\frac{3}{4}$ zu $\frac{1}{4}$ oder 3 zu 1 aufzuteilen: Ruprecht erhält viereinhalb und Hermann eineinhalb Tafeln Schokolade zurück.

Man kann diese Überlegung gut an einem **Pfaddiagramm** (manche Leute sagen auch **Baum**) verfolgen:

Der Name am Ende eines Pfades gibt den Gesamtsieger an. Die Zahl darunter ist die Wahrscheinlichkeit, genau dieses Ende des Baumes zu erreichen („Pfadwahrscheinlichkeit“).

Gewusst, wie!

25

26

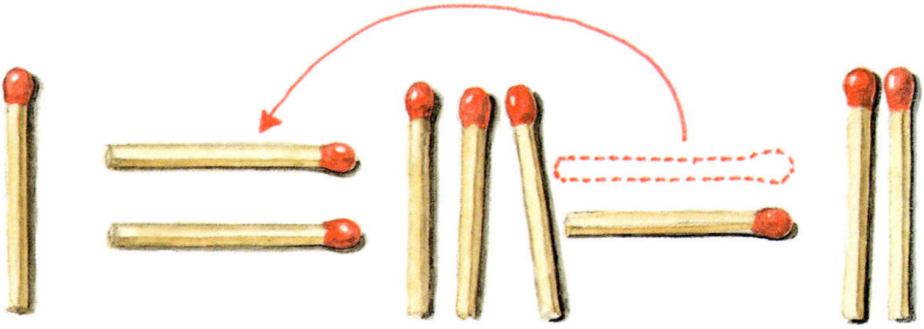

27

28

Nur ein Hölzchen habe ich umgelegt, und schon schaut das Häuschen nach Osten!
ENDE